米国と
日米安保条約改定

沖縄・基地・同盟

YAMAMOTO Akiko
山本章子

吉田書店

米国と日米安保条約改定

——沖縄・基地・同盟——

目　次

略語表

（本文内では以下の略称を用いている）

CINCPAC	Commander in Chief, Pacific（太平洋軍司令官）
DoD	Department of Defense（国防総省）
DoS	Department of State（国務省）
ICBM	intercontinental ballistic missile（大陸間弾道ミサイル）
IRBM	intermediate-range ballistic missile（中距離核ミサイル）
ISA	International Security Agency（国際安全保障局〔国防総省〕）
JCS	Joint Chiefs of Staff（統合参謀本部）
JSPC	Joint Strategic Plans Committee（統合戦略計画委員会）
NATO	North Anlantic Treaty Organization（北大西洋条約機構）
NCND	Neither Confirm Nor Deny（〔核配備を〕否定も肯定もしない）
NSC	National Security Council（国家安全保障会議）
OCB	Operations Coordinating Board（企画調整委員会）
SEATO	South East Asia Treaty Organization（東南アジア条約機構）
USCAR	United States Civil Administration of the Ryukyu Islands（琉球列島米国民政府）

序　論

1　課題と視角

問題の所在

一九六〇年に実施された日米安全保障条約の改定（以下、安保改定）は、一九五一年に調印された日米安全保障条約（以下、旧安保）の不平等性を改善することに、日米両政府が合意して実現した。具体的には、旧安保では、日本が米国に基地を貸与する一方で、米国には日本を防衛する義務がなかった点を改めたほか、日本側の防衛分担金拠出の廃止等を含む行政協定の地位協定への全面改定、条約期限の設定、内乱条項の削除、事前協議制の創設などが行われた。

これまで、安保改定に関する先行研究は、日本と米国との二国間関係の枠組みの中で、安保改定に関する米国側の動機を説明してきた。すなわち、当時の日本は、サンフランシスコ講和条約によって主権を回復した後、一九五五年に保守合同によって誕生した自由民主党が政権の座についていた。だが、米国から見て、同党初代総裁となった鳩山一郎とその後任の石橋湛山は、反米主義的な傾向を持つ政治家であり、日ソ国交回復や中国との貿易関係を推進するなど、米国の冷戦政策に非協力的な姿勢をとっていた。また、一九五三年から一九六〇年まで米国を主導したアイゼンハワー（Dwight D. Eisenhower）政権は、独立後も駐留する在日米軍を実質的な米国の占領継続と見なす日本国内の世論が、米軍基地の存在や米兵犯罪、基地への核兵器の持ち込みに反発していることを問題視していた。そうした状況において、一九五七年に親米派と目されていた岸信介が首相となると、米国は、日本の親米保守政権の安定化を図ると同時に、日本国内の対米不満を緩和するために、岸首相の求める安保改定を受け入れたというのが、先行研究の一致した見解である。

こうした先行研究の議論は、冷戦期の米国の東アジア戦略や冷戦と日米安保との関係性の中に安保改定が実現した要因を探るのではなく、日米の二国間関係の中に要因を還元してきた。だが、安保改定を主に日米関係から説明することは、果たして妥当であろうか。たとえば、アイゼンハワー政権は日本だけではなく、同時並行で西ドイツ、フィリピン、韓国との間でも基地協定の改定交渉を進めており、各国との交渉方針には明らかに共通性が存在している。そのような事実から考えても、安保改定は従来の研究より広い文脈で再検討されるべきではないだろうか。

そこで本書の目的は、安保改定をアイゼンハワー政権期の米国の海外基地政策の一環として考察することにある。本書のキーワードとなる海外基地政策という造語は、海外におかれた米軍基地群を維持・運用するための政策という意味で用いる。米国は一九四八年から五〇年にかけて、太平洋の西側および大西洋の東側まで海外基地をおくようになり、一九五〇年六月の朝鮮戦争勃発を機にユーラシア大陸部まで海外基地を拡大した[1]。そしてアイゼンハワー政権は、ニュールック戦略（後述）を掲げてソ連の周辺部に核戦力を配備し、共産主義勢力の局地侵略に対応するための拠点を必要として海外基地群のさらなる拡大を実施したのである。ニュールック実現のために広大な海外基地ネットワークを構築した同政権は、当然ながら、その安定的管理を課題とすることになる。そのため、アイゼンハワー大統領の強い問題意識のもと、米国政府は一九五〇年代半ばから、包括的な海外基地政策の検討・策定に取り組んだ。その中には安保改定も含まれていたことを立証するのが、本書の狙いである。

先行研究の整理

安保改定に関する先行研究は、問題関心に沿って次の三つの議論に大別できる。

第一に、安保改定がどこまで日本政府の外交交渉の成果といえるのかという点をめぐる議論である。そうした問いが繰り返し論じられてきたのは、アジア太平洋戦争に敗れて降伏した日本を米国が占領した過程で形成された、日米間の非対称な外交・安全保障関係が、日米安全保障条約によって戦後ずっと維持されてきたという問題意識ゆえである。原彬久や坂元一哉は、重光葵・岸信介といった日本の政治指導者たちが、対等な日米関係を求めて安保改定を模索したことを評価しつつも、安保改定交渉を主導したのはむしろ米国のほうであったと指摘した。その一方で、彼らは、米国政府、特に米国駐日大使館が、保守勢力を統合し安定政権を成立させた岸信介の政治的指導力を認めたことが、安保改定の実現につながったと評価する。だが、原は、安保改定によって創設された事前協議制が形式的なものにとどまったことを、坂元は、旧安保が相互防衛条約にならなかったことを、対米対等性の獲得の失敗として批判した(2)。

日米安全保障条約における日米の不平等な関係性という問題を一層掘り下げたのが、第二の議論といえる、いわゆる日米「密約」研究であろう。密約と呼ばれる日米政府間の取り決めは複数存在するが、安保改定との関連で論じられてきたのは、事前協議制の適用に例外を認める秘密の政府間了解が存在したのかどうかという問題である。これまで、複数の研究者やジャーナリストが、米国政府の史料をもとに、米核搭載艦船の寄港および在日米軍の朝鮮半島出撃を事前協議の対象外とするという、日米密約の存在を証明してきた(3)。その後、二〇一〇年に民主党政権が公開した外務省密約関連史料を用いた研究によって、密約の詳細が一層明らかになった。最新の密約研究は、米軍による日本への核持ち込みに対する世論の強い反対に追いつめられた日本政府が、事前協議制の創設とあわせて日米間で密約を結ぶことで、米国側と妥協したという見解を提示している(4)。これらの議論は、日本政府が安保改定の成果の一つとしてきた事前協議制が、米軍の日本駐留に批判的な日本の国内世論を懐柔する目的から創設されたものの、何ら実効性のないものにすぎなかった事実を解明した。

第三の議論として、そもそも岸政権の安保改定の目的は、日米同盟の実質的な対等性の追求ではなかったという研究もある。植村秀樹は、岸首相が、安保改定交渉と同時並行で実施された第二次防衛整備計画策定に際し、防衛力の大幅増強に消極的であったことを指摘した。そして、吉田真吾は、安保改定における日本政府の目的が、日本の安全保障に対する米国の関与の確約にあったとしている。(5)

このように、安保改定を通じて日本政府が米国から何を獲得したのか、あるいは何を得ようとしたのかについては多様な議論がなされてきた。その一方で、米国側が安保改定を受け入れた理由について、先行研究は、一致して日本の中立化に対する危惧を指摘している。マッカーサー（Douglas MacArthur II）駐日大使は、一方ではダレス（John F. Dulles）国務長官に対して安保改定の重要性を粘り強く提言し、他方では旧安保の全面改定に消極的であった日本政府の姿勢を転換させて、安保改定実現を主導した。マッカーサーが安保改定の実現に奔走し、ダレスも最終的に受け入れたのは、中立化志向の強い日本の国内世論を抑えられる親米保守政権の下で、在日米軍基地を維持することが目的であったとされる。(6) 日本の防衛力増強の過程に関する中島信吾の研究も、一九五〇年代を通じて日本の防衛力増強を要求してきた米軍部が、安保改定交渉時にそうした主張を控えた理由を、安保改定の目的が日本の対米不満解消にあったためだと推察している。(7)

本書の視角

こうした先行研究の議論によって、安保改定をめぐる日米両政府の目的や安保改定交渉の詳細は、相当程度解明された一方で、必ずしも十分に分析されていない論点もまだ残されている。

　第一に、豊下楢彦や明田川融が旧安保の最大の問題点として批判する、「全土基地方式」は、安保改定が実現に至る過程でどのような観点から扱われ、あるいは論じられたのであろうか。(8)「全土基地方式」とは、旧安保第一条において、「アメリカ合衆国の陸軍、空軍及び海軍を日本国内及びその附近に配備する権利を、日本国は、許与し、アメリカ合衆国は、これを受諾する」と定められたことを指している。(9)ダレスの言葉を借りると、これは「日本とその周辺に無制限に米軍を配置する権利」であった。先行研究が指摘するように、一九五五年に訪米した重光外相が米国側に提示した安保改定案は、日本が米国との間に相互防衛の義務を負う代わり、在日米軍の全面撤退をうたう内容であったため、「全土基地方式」で米国が得る利益を損なうと考えたダレスに拒否された。(10)日本の国内世論や政治家にとって、講和後の在日米軍基地の維持・強化は「占領の継続」にほかならなかったが、アイゼンハワー政権にとっては、後述するように海外基地群は冷戦戦略の要であったからである。だが、安保改定によって、在日米軍の再配備は日米間の事前協議の対象とされるに至る。この背景には、在日米軍の運用をめぐる米国政府のどのような認識の変化があったのであろうか。

　第二に、日米安全保障条約が在日米軍基地に関する協定であるにもかかわらず、安保改定を通じて在日米軍基地の存在がどのように再定義されたのかという点は、これまで論じられてこなかった。とりわけ「密約」研究は、在日米軍基地の運用の実態に迫ったという点では重要な貢献を果たしたが、一九五〇年代に在日米軍基地が米国の冷戦戦略上いかなる役割を担っていたのか、それが安保改定でどう変化したのかという点は、依然として明らかになっていないのである。

以上の二点をふまえ、本書では、一九五〇年代に在日米軍基地の戦略的役割がどのように位置づけられ、安保改定の前後でそれがどう再定義されたのか、解明することを目指す。また、当時は米軍の直接統治下におかれていた沖縄の米軍基地についても、在日米軍基地と相互補完関係にあったことから、在日米軍基地との役割分担という観点でその位置づけの変遷について考察する。

実際、当時の米国政府にとって、安保改定は単なる対日政策にとどまらず、海外基地の維持・運用およびその根幹をなす冷戦戦略と密接に関連していた。詳細は次節に譲るが、核抑止を徹底的に推し進めることで陸上兵力を最大限削減するという、アイゼンハワー政権の安全保障戦略ニュールックは、同盟国が提供する海外基地群を前提として策定された。それゆえ、同政権が冷戦でソ連の優位に立つため、その安全保障戦略を成功させるには、海外基地を安定的に運用することが不可欠であり、米軍基地の存在によって生じる同盟国との摩擦・対立を、満遍なく解決する必要があった。そこで、大統領とダレス国務長官は、世界中の海外米軍基地が抱える問題を調査報告させ、その報告書を叩き台として、政府内で海外基地を維持するための政策の再検討を行わせる。安保改定という議題も、その中に含まれていたのである。

米国の海外基地政策は、①兵力配置、②基地の設置と維持・運用、あるいは統廃合や返還、③基地をめぐる同盟国との間の取り決め、といった複数の課題への対応策の絡み合いによって構成されている。だが、これまで安保改定は、③との関連からのみ論じられてきた。

ただし、①の点に関してアイゼンハワー政権の極東基地政策を論じた研究としては、李鍾元の『東アジア冷戦と韓米日関係』が存在する。アイゼンハワーが朝鮮戦争休戦後の一九五四年から断行した極東地域の米軍再編では、陸軍を中心に米軍兵員五万一〇〇〇名の削減が決定された。李によれば、極東米軍再編をめぐり米国政府の検討課題となったのは、一つには、陸軍をどの程度、どの地域に残存させるかという問題であり、もう一つには、日本と韓国にどのようにして通常兵力を補完させるかという問題であった。前者に関しては、統合参謀本部（以下、ＪＣＳ）内で激しい議論が交わされた末、最終的には日本国内の反・米軍基地感情を考慮して、韓国に陸軍二個師団を残留させることが決定された（実際には、四個師団残存）。後者については、日本政府が防衛力の増強に消極的であったため、米国政府は、一九五五年に新たな対日政策ＮＳＣ５５１６／１を採用し、日本の防衛力増強よりも経済発展を重視するようになったのだという[11]。

李の研究は、一九五〇年代に極東地域で実施された米軍再編の詳細を解明したという意味で貴重だが、陸軍再編に焦点を当てているため、海軍に属するが同じく陸上兵力であった海兵隊が、陸軍とは異なり米軍再編を通じてほぼ兵力数を維持した点に触れていない。また、欧州とは異なり、極東では米空軍も整理縮小の対象となったことを見落としている。詳細は第１章に譲るが、朝鮮戦争後の極東における陸・海・空三軍の複雑な再編過程の結果、在日・在沖米軍基地の役割はそれぞれ変化した。それによって、米軍部が安保改定を受け入れやすくなる戦略的環境が創出されたのである。

したがって、本書では、まず、一九五〇年代の極東地域における米三軍の兵力配置の変化を分析した上で、それと連動した②の問題、すなわち在日・在沖米軍基地の返還や拡大について論じる。これらを論じる狙いは、アイゼンハワー政権が、米軍基地の存在をめぐって生じた日米間の対立・摩擦を解消するために、兵力の再配備や基地の整理縮小で対応したものの、問題を解決できなかった結果、安保改定に踏み切ったことを立証することにある。いいかえれば、アイゼンハワー政権の海外基地政策が、段階的に①から③へと比重を移していく過程に、安保改定をめぐる米国政府内の議論を位置づけることが、本書の目的である。

また、安保改定に関する先行研究は、安保改定をめぐる政策的意図や交渉に注目してきたため、米国側の分析の際、外交を司る国務省の対日方針に関心を集中させてきた。これに対して本書は、米国の海外基地政策を分析する上で、米軍部、特にＪＣＳに着目する。

従来のアイゼンハワー政権論においても、アイゼンハワー大統領とダレス国務長官のどちらが政策上の主導権を握っていたのかにもっぱら関心が集まり、それ以外の政策決定者の役割は体系的には論じられてこなかった。

初期のアイゼンハワー政権論は、ゴルフに夢中で政治に消極的な大統領と、対外政策を一手に担うダレスという評価に終始していた。これに対して一九七〇年代半ばに登場したアイゼンハワー修正主義（再評価論）は、アイゼンハワーの強い指導力の下で展開された対外政策が、合理的かつ抑制的な現実主義的外交であったがゆえに、多くの成功をおさめたという再評価を行う。アジア政策に関して例を挙げれば、朝鮮戦争の休戦の実現や、二度の台湾海峡危機およびインドシナ情勢の新展開への慎重かつ抑制的な関与などが高く評価された。しかし、一九九〇年代に入ると、ポスト修正主義（ポスト再評価論）と呼ばれる議論が現れ、修正主義論者の再評価は政策決定過程またはスタイルに向けられ、政策の目的や結果を十分に検討していないこと、第三世界に対する政策の評価が不十分であることを批判するに至る。たとえば、アイゼンハワー政権の朝鮮戦争・台湾海峡危機への対応は、新興国のナショナリズムを冷戦の地政学的文脈でのみ理解した点で問題があること、中国に対する「核の脅し」が短期的には核戦争の危険を高め、長期的には中国の核開発をうながしたことが指摘された[12]。

ポスト修正主義の議論では、修正主義論が強調してきたアイゼンハワーの主導権よりもむしろ政権の政策的成果に争点が移ったが、依然としてアイゼンハワーとダレスに分析の焦点が当てられてきた。これに対して本書は、アイゼンハワー政権の海外基地政策を再検討するにあたって、海外基地の再編・運用に関する計画の策定から実施を担う最も重要なアクターとしてJCSを扱う。

アイゼンハワーは、重要かつ内部調整済みの議題は、自身が同席する国家安全保障会議（以下、NSC）の場で、担当者間で意見が対立している議題については、省庁横断の政策協議の場である企画調整委員会（以下、OCB）にて、関係省庁を一堂に会して協議させる形をとった。海外基地をめぐる再検討についても、同様の方式がとられた。そして、一連の議論で発言力を持ったのは、国務省よりもむしろＪＣＳであった。

ＪＣＳは、陸・海・空三軍（後に海兵隊が海軍から独立して四軍）の司令官経験者から選出された議長・副議長と、各軍の代表によって構成された、安全保障政策の要を司る組織である。アイゼンハワー政権期には、グランド・ストラテジー（大戦略）は大統領とダレスが決定したが、個別の政策は、文民からなる国防総省国際安全保障局（以下、ＩＳＡ）の構想をもとにした国防長官の指示で、ＪＣＳが計画の立案を行っていた。ＪＣＳは、各軍の見解の調整をへて、統合戦略計画委員会（以下、ＪＳＰＣ）に作成させた計画案を、国防長官に提出して承認を受けた。

極東地域の安全保障政策は、極東軍司令部（一九五七年半ばからは、米軍再編に伴い極東軍を統合した太平洋軍司令部）が陸軍参謀本部（米軍再編後は、海軍作戦本部）に上申する形で、ＪＣＳに見解を伝え、計画に対する強い影響力を行使した。[13] ただし、各軍の見解が割れた場合には、ＪＣＳが最終的な判断を下せることになっていた。つまり、ＪＣＳの見解は軍部の総合的見解であり、ＪＣＳが国防長官の指示を修正・否定することはあっても、国防長官がＪＣＳの最終計画案を覆すことはまずなかったといってよい。

これには、アイゼンハワー政権下で国防長官に任命された、ウィルソン（Charles Wilson）とマッケルロイ（Neil McElroy）が共に財界出身者であり、戦略的問題に深く関わらなかったことも大きく影響していた。同政権において軍部を抑える役割を果たしたのは、陸軍元帥まで上りつめた経験を持つ大統領と、戦略全般の策定を主導したダレス国務長官である。[14]

ダレスが、国務長官でありながら政権の安全保障戦略を主導する存在であったことから、先行研究は、安保改定が安全保障問題であるにもかかわらず、国務省ばかりを分析対象としがちであった。だが、国務省は外交を司る機関として、安全保障政策が対外関係に及ぼす影響を考慮して国防総省に助言を与える立場にあるのであって、ダレスといえども、国防総省とその後ろに控える軍部の意見を無視して安全保障政策を決めることはできなかった。国務省が安全保障政策で要求を通したい場合には、国務省と国防総省との間でワーキンググループを結成して協議するか、ＩＳＡ担当の国防次官補と協議して妥協案を講じ、国防次官補からＪＣＳの説得に当たってもらわねばならなかったのである。

したがって、国務省とその対日政策だけではなく、安全保障政策に強い発言力を持つＪＣＳを中心とした米軍部の意向も見なければ、安保改定の政策決定過程は理解できないといえよう。本書では特に、一九五〇年代の極東米軍再編の政策決定過程を分析する第1章と、安保改定が在日米軍基地の役割の再定義とどのように関連していたのかを分析する第3章において、ＪＣＳの見解に注目することになる。

最後に、米国の対日政策においては、日本以外の米国の同盟国の意向も無視できない要素であった。特に、アジア太平洋戦争の記憶が色濃く残る一九四〇年代後半から五〇年代初頭にかけ、日本の再軍備や軍国主義化を警戒する米国の同盟国にとって、米国の対日関与には、日本が将来的に脅威となる可能性を封じ込めるという意味合いが強く存在した。そのため、対日講和から旧安保締結、

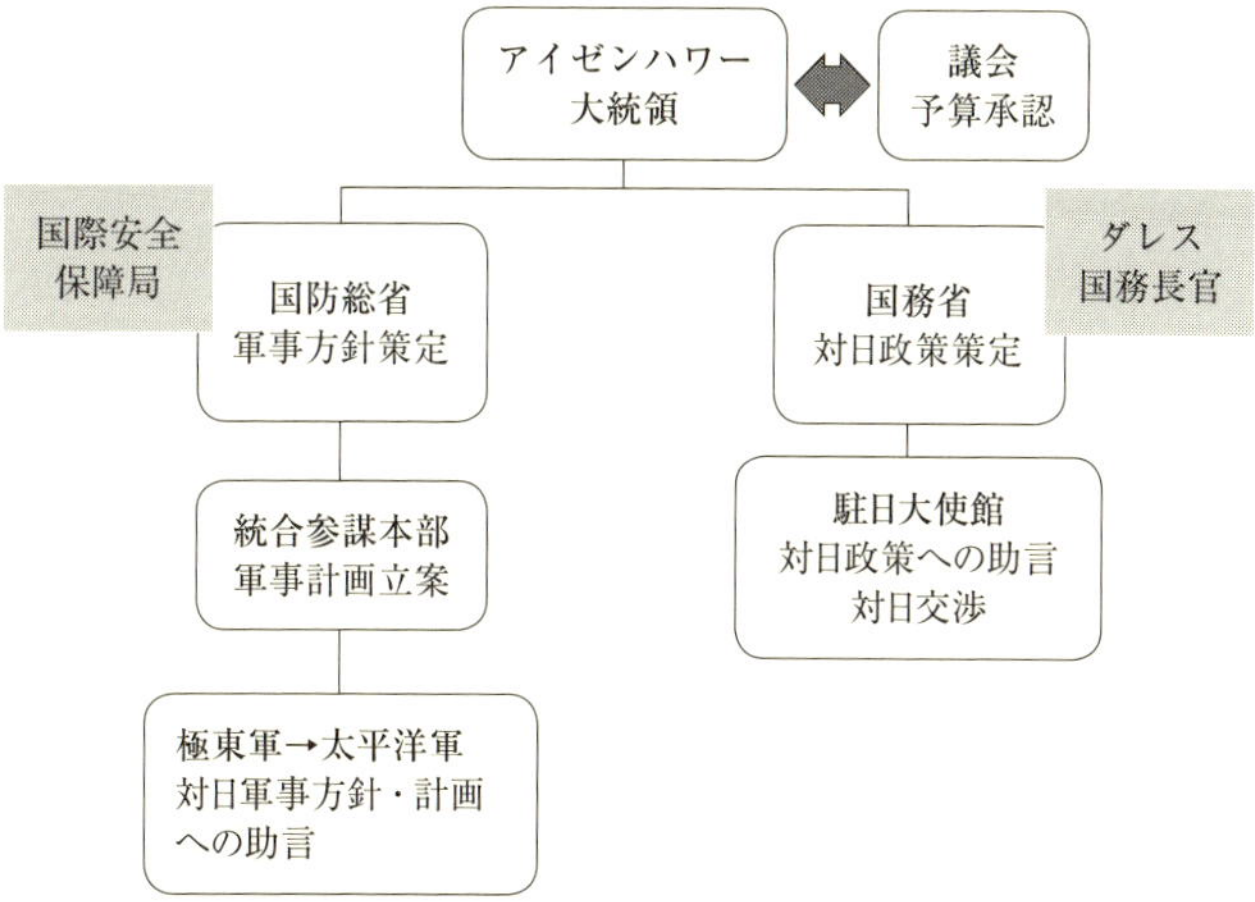

図　対日政策決定過程に関わるアクター

日本の再軍備までの一連の対日政策に対し、イギリスやオーストラリアは強い関心を示し続ける。米国にとっても、イギリスとオーストラリアは、アジアの同盟国よりも信頼できるアジア太平洋政策上のパートナーであり、自国の政策に対する理解を得られるように努めた。トルーマン（Harry S. Truman）政権では国務省顧問・大統領特別顧問を務めたダレスが、対日講和に伴い、「日本の軍事的脅威」に対するオーストラリア等の懸念を軽減するため、太平洋地域での集団安全保障体制を検討したことはよく知られている。そのため、最終的には、米国と各同盟国の間で個別の相互防衛条約が結ばれた[15]。

　では、一九五八年から交渉が始まった安保改定に対して、同盟諸国はどのような反応を示したのだろうか。実は、一九五〇年代半ばから、イギリスとオーストラリアは対日政策を転換しつつあった。両国政府は、日本の共産主義陣営、特に中国への接近を懸念し、日本に西側陣営の一員としての自覚を持たせることを、新たな対日政策上の目標とするようになったのである。特に、オーストラリア政府は、同時期に東南アジアに関心を集中させるようになったイギリスとは対照的に、日本の対外政策への関心を強めていく[16]。

そのため、オーストラリア政府は、在日米軍基地が日米間に引き起こしていた様々な問題を注視し、日本外務省、米国駐日大使館、米国務省との接触を通じて、定期的に情報を収集しながら、日本政府への働きかけを行おうとした。その際の同国の目的は、日本に中立主義的志向を断念させ、かつ、反核感情を克服させて、米国の冷戦戦略に全面的に協力させることにあった。

そこで、本書では、オーストラリア外務省の日米関係史料を用いて、日本の反基地・反核運動が日米同盟、ひいては西側陣営の結束を弱体化させることを憂慮したオーストラリア政府が、在日米軍基地問題や安保改定交渉をどのように見ていたのかにも注目する。

オーストラリアの動向は、一見すると安保改定に無関係と思えるかもしれない。だが、米国にとって、オーストラリアはアジア太平洋地域における数少ない、欧米的民主主義を共有できる重要な同盟国であった。また、米国には、旧安保の締結に至る過程で、強い反日感情を抱くオーストラリアに配慮せざるをえなかった苦い経験がある。そのオーストラリアが、一九五〇年代後半までには安保改定を肯定し、安保改定に良好な外部環境を提供したことは、五〇年代初頭と比較して大きな変化といえる。しかも、オーストラリア政府は独自の情報を日米双方から引き出していたため、同国の政府史料は、日米両国で非公開となっている公文書の空白を埋めてくれる。

その上で、オーストラリア政府史料を扱う理由は二つある。最初に、第三者であり、かつ安保改定に肯定的であったオーストラリア政府の視点を導入することによって、当時の日本国内の反基地・反核運動と安保改定との相互作用を再考察することにある。先行研究は、反基地運動と反核運動がそれぞれ安保改定に与えた影響を別個に論じており、反基地運動と反核運動との関係性や、日米両政府が安保改定によってこれらの運動に対してどのような効果を及ぼすことを期待していたのか、必ずしも明らかにしていない。だが、当時のオーストラリア政府は、日米両政府から情報を収集することで、反基地・反核運動の連関や、運動と安保改定との関係性について独自の分析を行っていたのである。

また、交渉過程の分析は、どこまでが交渉戦術で、どこまでが実際の目的なのかを見極めることが非常に難しいが、安保改定交渉中の米国務省・米国駐日大使館は、オーストラリア政府に対して、たびたび安保改定における米国の意図を説明している。本書では、オーストラリア政府史料を用いることによって、安保改定交渉に新たな光を当てることを目指す。

2　アイゼンハワー政権の冷戦戦略

ここであらかじめ、本書で扱うアイゼンハワー政権の安全保障戦略および海外基地政策が、アジアにおいてどのように展開されたのか、その概略を説明しておきたい。

ニュールック

一九五三年末までかけて策定されたアイゼンハワー政権の安全保障戦略は、ソ連による水爆開発とスターリン（Yosif Stalin）死後の平和攻勢で、今後、冷戦の長期化が予想されることへの対応として、国家財政を圧迫しないよう軍事予算を削減することを目標としていた。いわゆるニュールックと呼ばれたこの戦略は、人件費がかかる陸上兵力を減らす代わりに、核攻撃力を維持・強化することによって、軍事予算を抑制し、財政の健全化と冷戦を戦うこととの両立を目指した。(17)

従来の研究では、ニュールックを説明する際に、その代表的な概念として「大量報復戦略」が挙げられてきた。これは、ダレス国務長官が一九五二年五月に発表した論文にて提唱した概念であり、一九五三年六月に策定されたＮＳＣ１５３／１に取り入れられた。大量報復戦略とは、大量の核兵器によってソ連に対抗するという考え方だが、提唱したダレス国務長官の狙いは、米国が核兵器の質・量でソ連を圧倒することで、ソ連に対米先制攻撃を思いとどまらせる、いわば心理的抑止にあった。(18)

ところが、ソ連が一九五三年八月、米国に先駆けて水爆実験に成功したことで、米国がソ連に核戦力で圧倒的優位に立つのは困難となった。そこで、一九五三年一〇月三〇日に国家安全保障基本政策として採用されたＮＳＣ１６２／２は、米ソの核戦力の「手詰まり状態」を前提に、それ以前から想定していた核全面戦争よりも、局地侵略の脅威が増大したとして、全面戦争と局地侵略の両方に備えることを目指した。「周辺地域におけるソ連の侵略」を防ぐ手段として、「高度の機動性を持つ即応戦力」を創出する方針が打ち出され、そのために同盟国による基地と通常兵力の提供が重視されたのである。[19]

このように、NSC162／2では、ソ連の局地侵略を迎撃する即応戦力を担うのは同盟国の役割とされたが、一九五〇年代を通じたアジア冷戦の変化に直面して、いくつかの問題が生じた。

第一に、一九五〇年六月に勃発し五三年八月に休戦が成立した朝鮮戦争で、三八度線を境に米ソにそれぞれ支援された分断国家の存在が確定したのに続き、四五年から続いたインドシナ独立戦争でも、フランスの実質的敗北のもとで、五四年七月にジュネーヴ休戦協定が締結された。これによって、アジアに中華人民共和国（以下、中国）、朝鮮民主主義人民共和国（以下、北朝鮮）、そしてベトナム民主共和国という三つの共産主義国家が確立したのである。したがって、アイゼンハワー政権は、アジアではソ連のみならず、これらの共産主義国家とも対峙せねばならなくなった。

第二に、NSC162／2で想定されていた米国と同盟国との負担分担が、アジアでは期待通りに進まなかった。中華民国（以下、台湾）・大韓民国（以下、韓国）は米国の軍事援助なしに国防を増強できない状況であり、日本は国防自体に消極的であったため、共に単独で近隣の共産主義国家と対峙する力を持たなかったからである。さらに、米国がジュネーヴ協定を無視して南ベトナムに樹立させた政府は、国家の存続自体が米国の援助にかかっていた。米国は一九五四年、東南アジアでの共産化拡大に対抗する多国間の軍事機構、東南アジア条約機構（以下、SEATO）も設立させたが、実質的に機能させることができなかった。そのため、米国は自ら、アジアの共産主義勢力の局地侵略に備えねばならなくなる。

第三に、中国が一九五四～五五年、台湾支配下の中国大陸沿岸島嶼を攻撃・占拠するなど、冒険主義的行動をとったため、中国との武力衝突が対ソ全面戦争につながることを恐れる米国は、中国に対して核攻撃を示唆しながら交渉を模索する方針をとらざるをえなかった[20]。

以上の問題から、米国は、アジア太平洋地域では、同盟国との共同作戦行動も単独の大規模な軍事行動もとれず、朝鮮半島、台湾海峡、インドシナで想定される局地侵略の可能性に対し、核の恫喝と小規模の即応部隊の出撃態勢とでもって対処することになる。

こうしたアジア冷戦の新たな展開に対応する形で、極東米軍再編が実施されるのである。

米軍再編

一九五〇年六月の朝鮮戦争勃発後、極東地域は当然のこと、ソ連の侵略の可能性に備えて欧州にも多数の米軍が派遣され、休戦協定が成立した一九五三年八月の時点で、米軍兵力総数は約三五一万三〇〇〇人にまで膨れ上がっていた。しかも、その約半数を、最も人件費のかさむ陸軍が占める状態にあった。そこで、アイゼンハワー大統領は、米軍兵力を陸軍を中心に削減すると同時に、核攻撃を担う空・海軍主体に再編し、さらに共産主義勢力の局地侵略に備えて即応部隊を前方展開させる、米軍再編に着手することになる。

米国の陸軍兵力削減における焦点となったのは、朝鮮戦争の舞台となった極東地域の米軍再編であった。朝鮮戦争によって、米国の全陸上兵力のほぼ半数が極東戦線に釘づけとなっていた。休戦の時点で、米国の保有する陸軍二〇個師団のうち、韓国と日本にそれぞれ七個師団と一個師団が配備され、三つの海兵師団のうち、一個師団が韓国に、もう一つの師団が日本に配備されていたのである。[21]

ただし、既存の研究では論じられてこなかったが、極東地域の場合、欧州とは異なり、核攻撃を担う戦力として重視されるはずの米空軍兵力も削減の対象となった。これは、当時、米空軍基地が集中していた日本における反基地感情が強力であり、それへの対応を余儀なくされたことが大きい。同様に、米陸軍についても、ＪＣＳ内には日本に極東陸軍の拠点を望む声が強かったが、日本の反基地感情を考慮し、最終的には、韓国に二個師団のみ残留させることが決定された。[22]

米国の海外基地政策を対象・時期ごとに分析したカルダー（Kent E. Calder）は、いったん基地が展開されると、脅威が変化・消失するか、基地の当初の役割が終了しても、新たな脅威や基地の役割が探され、基地が長期的に維持されるメカニズムが働くと指摘した。その維持のメカニズムは、国・地域によって異なるが、共通しているのは、基地が一度存在するようになると、その維持自体が米国の目的となることだという。カルダーによれば、海外におかれた米軍基地が閉鎖されるのは、基地を受け入れていたホスト国が、世論の反米・反基地感情の圧力のもと、これ以上の受け入れを拒否するようになる場合であって、米国が自主的に海外基地を縮小させることは基本的にはないとされる。[23]

だが、アイゼンハワー政権は、ニュールック戦略上、核攻撃や即時出撃を行う拠点として全世界的な海外基地群を確保する必要があったにもかかわらず、極東における米軍再編において、日本本土の米陸上戦闘兵力撤退に伴い基地を日本側に返還した。それどころか、ニュールックの要である空・海軍の日本本土基地・駐留兵力の削減も決定した。さらに、当時の日本政府が負担させられていた、現在のいわゆる「思いやり予算」にあたる防衛分担金も、安保改定によって廃止している。詳細は第1章で論じるが、米軍占領下にあった沖縄でさえ、住民の激しい反対運動に直面した米国政府は、海兵隊の日本本土からの移転やそのための新たな基地建設を、当初の計画よりも小規模な内容に修正することになる。カルダーの議論では、こうした事実を説明できない。

この点について、川名晋史は、米国の海外基地の発展パターンを左右する複雑な要素を巧みに整理している。彼は、個々の基地の重要性が、戦略環境に加えて基地関連事件・事故、広域的な基地再編を通じた再定義によっても変化すること、長期にわたる存続のために環境に合わせて基地機能が調整されることを指摘する。(24) 本書の分析は、川名の議論と軌を一にしている。まさしく、アイゼンハワー政権は米軍再編を通じ、単なる兵力再編に留まらず、ニュールックの前提となる基地群の長期的・安定的維持のため、海外米軍基地を取り巻く現地の政治・社会的環境に適応した基地再編を行わねばならなかったのである。

ＮＳＣ１６２／２が、世界中に展開する海外基地への核配備によってソ連に対する抑止力を高め、また、局地侵略に備えて各地域への米軍駐留を重視したことは、アイゼンハワー政権の安全保障戦略が、世界中の海外米軍基地群に支えられて初めて成立することを意味した。

そのため、米軍基地のおかれた同盟国における反基地・反米感情への対応は、アイゼンハワー政権にとって非常に重要な課題となった。また、大統領は、第二次世界大戦中の連合軍最高司令官、初代ＮＡＴＯ軍最高司令官を務めた経験から、外国軍の駐留が現地でどのような摩擦を引き起こすかを、政策決定者の中で最もよく理解していた[25]。

海外米軍基地が現地で引き起こす問題は、次の三点に大別できる。第一に、外国軍の駐留によって生じるナショナリズムの高まりである。第二に、米兵犯罪の発生や、被疑者の刑事管轄権を米国が持つことへの反発が、その原因である同盟国に不利な基地協定の改定要求につながることである。そして最後に、米軍による核の持ち込みによって、望まずとも自国が米ソ核戦争に巻き込まれる可能性ができることである。

アイゼンハワー政権も、日本をはじめとした同盟国との間でこれらの問題に直面した。そこで、大統領とダレスは、米軍再編と同時並行で、海外基地をめぐり同盟国との間に抱える問題を解決しようと、包括的な海外基地政策の再検討に取り組むことになる。具体的には、アイゼンハワーは一九五六年一〇月、ナッシュ（Frank C. Nash）元国防次官補に、世界中の米軍基地が抱える問題の調査と提言を命じた。約一年後に完成した調査報告書は、いわゆるナッシュ・レポートと呼ばれ、海外基地政策の見直しを検討する叩き台として、米国政府内で長期にわたって議論される。

先行研究において、ナッシュ・レポートは、同盟国内の反基地感情に対する米国政府の危機意識があらわれた報告書であり、とりわけ対日関係・沖縄占領統治の問題点を米国自身がどう認識していたか、知る手がかりだと紹介されてきた[26]。しかし、ナッシュ・レポートで指摘された米国の海外基地政策上の課題が、その後、具体的な政策にどのように反映されたのかを分析した研究はない。

これに対して本書では、ナッシュ・レポートをめぐる米国政府内の議論が、米軍部の安保改定に対する姿勢に大きな影響を与えたという主張を展開する。それによって、安保改定をめぐる検討過程が、既存研究で描かれているよりも複雑であったことを明らかにするのが、本書の狙いである。端的にいえば、ナッシュ・レポートは、日米同盟存続のために安保改定を推奨すると同時に、極東有事の際に日本政府の拒否で在日米軍基地が使用できない可能性を考慮して、同基地の分散移転を提言した。しかも、この提言は、米国政府内で真剣に検討されるようになる。当時の米国政府において、安保改定と在日米軍基地の維持は必ずしもイコールではなかったのである。本書は、ナッシュ・レポートの提言が政策上の選択肢として浮上していく過程で、米軍部の安保改定への見解にどのような変化が起きたのか、また、極東米軍再編の結果がそこにどう影響したのかを分析することで、米国政府が最終的に安保改定を決断した理由を解明する。

3 本書の構成

第1章では、極東米軍再編を通じ、在日・在沖米軍基地を取り巻く環境がどのように変化したのかを分析する。すなわち、米国政府のアジア冷戦上の脅威が、朝鮮半島からインドシナ・台湾へと移ったことと、日本本土の反基地感情との相互作用によって、海兵隊が本土から沖縄へと再配備され、アジア有事への即応態勢をとるようになった過程を論じる。また、海兵隊の沖縄集結と前後して、空軍・海軍も沖縄からの出撃態勢を整えるようになり、在沖米軍基地が出撃基地として位置づけられるようになっていったことを論証する。同時に、在日米軍基地の重要性が、朝鮮半島への出撃地から、アジア太平洋地域全体の兵站・補給基地へと相対的に低下していったことも論じる。

重要な点は、こうした在日・在沖米軍基地の役割の変化が、安保改定の実現を可能にする環境要因となったことである。極東米軍再編の結果、在日米軍基地の後方支援基地としての性格が強まったことで、第3章で論じる米軍部の安保改定容認の際、日本側が求める安保改定の条件が在日米軍基地の実質的運用に影響を与えない、という判断が生まれることになるのである。

第2章では、米国政府が安保改定を検討し始めた背景と、初期の検討段階における課題を明らかにする。すなわち、米軍基地を受け入れている同盟国の間で、基地協定に対する不満が高まったことから、アイゼンハワー大統領は、海外基地問題の包括的な現状分析・対策を検討するため、ナッシュにレポートの作成を命じた。これに対して極東軍司令部は、同レポートが在日米軍基地の現状維持を変更するような提言を打ち出すことを恐れ、日本側の要望を度外視した、米軍の利益を最大限追求した安保改定に関する研究を開始する。同章では、こうした一連の動きが、国務省に危機感を抱かせ、日本側の望む安保改定を真剣に検討する契機となったことを論じる。ただし、国務省と岸内閣が、旧安保の見直しを志向するようになっても、米軍部が安保改定の条件として、日本の防衛力増強や、一度撤退した基地への有事の再入権（entry and re-entry rights）の確保を主張している間は、日米両政府は交渉に入れなかった。

第3章では、米国政府が安保改定を決断するに至るまでの過程を解明する。この過程に大きな影響を与えたのは、一九五七年一〇月にソ連が人工衛星スプートニクの打ち上げに史上初めて成功した、いわゆるスプートニク・ショックである。同ショックによって、日本国内で核戦争への巻き込まれの恐怖が高まったことから、日本政府は、安保改定を通じて事前協議制を創設することで、国内の不安を緩和する必要性を認識するようになった。同時に、米国政府内におけるナッシュ・レポート検討の過程で、スプートニク・ショックで一層不安定となった極東基地群を、他地域へと分散移転させる必要性が指摘されるようになった。在日米軍基地を維持したい軍部は、同基地の移転を阻止すべく、一転して日本の望む内容での安保改定を受け入れる。また、その際に、ＪＣＳは、在日米軍基地の役割をそれ以前よりも限定的に再定義することになる。

最も重要な点は、アイゼンハワー政権が安保改定を決断する際の障害であった米軍部が、安保改定を容認する契機となったのが、極東米軍基地群の分散移転案をめぐる米国政府内の議論であったことである。前述したように、在日米軍基地の重要性の低下は、米軍部が安保改定を受け入れる環境要因となった。だが、米国政府内の海外基地政策の再検討こそが、米軍部を最終的な決断に踏み切らせる促進要因となったのである。

最後に、第4章では、安保改定交渉における論点を、交渉が最も難航した事前協議制の対象の設定と、日米行政協定の日米地位協定への全面改定を中心に再検討する。その中で、在日・在沖米軍基地の役割の変化が、安保改定交渉の趨勢をどのように左右したかも考察する。あらかじめ述べると、その変化こそが、沖縄を新安保条約の完全なる枠外とすることを条件に、在日米軍の極東出動や核持ち込みを事前協議制の対象に含めることを可能にしたのである。

4 使用する史資料

本書は外交史研究であり、米国政府の史料の分析を中心に、歴史的事実を再構成していくことになる。ただし、アイゼンハワー政権の対日政策よりも幅広い冷戦戦略の再検討が中心になるため、国会図書館憲政資料室が所蔵する米国政府の対日政策文書のマイクロフィルムや、公刊されている『アメリカ合衆国対日政策文書集成』のシリーズはほとんど活用できなかった。

したがって、米国国立公文書館が所蔵する国務省文書（RG59）、国務省在外公館記録群（RG

84)、統合参謀本部文書（RG218）、海軍作戦本部文書（RG313）を主に用いた。安保改定の先行研究では、RG59の中でも主にセントラル・ファイルが用いられてきたが、本書では、極東局や欧州局のロット・ファイルも重視している。また、アイゼンハワー大統領図書館が所蔵するホワイトハウス・セントラルファイル、ダレス文書、ホワイトハウス国家安全保障担当特別補佐官文書、ウィルソン文書を活用して、これまで明らかではなかったダレスの安保改定の意図を解明することに成功した。また、沖縄県公文書館に存在する、プリンストン大学マッド図書館所蔵のダレス文書の複写等も利用している。

二〇一〇、一一年には、民主党政権による密約調査をきっかけに、外務省が沖縄関係史料、安保改定関係史料を大量に公開したため、日本政府の外交史料も補足的に用いた。

日米両政府の安保改定関係史料、特に米軍部の史料はいまだに非公開のものが多い。この点、オーストラリア政府が一九五〇年代半ば以降、安保改定関連の情報収集を意欲的に行っており、オーストラリア国立公文書館の日米関係文書からは、複数の米国務省担当者・駐日大使館関係者の安保改定に関する見解を知ることができる。とりわけ、第4章の安保改定交渉過程の分析は、同公文書館史料に依拠する部分が大きい。

その他、刊行された史料として、*Foreign Relations of United States* や *History of Joint Chiefs of Staff* のシリーズ、*The United States Marines: A History* などの部隊史等も活用している。

第1章

極東米軍再編と在日・在沖米軍基地

はじめに

本章の目的は、朝鮮戦争後の極東地域における米軍再編を通じ、在日米軍基地と在沖米軍基地の戦略的役割がどのように変化したのかを、検討することにある。

米軍再編の主眼は、人件費のかさむ陸上兵力の削減であったため、再編開始と同時に、陸軍兵力は全体で一六〇万から一〇〇万へと一挙に三七・五%も削減されたのに対し、海兵隊を含めた海軍は総数九二万から八七万(一三%減)へとほぼ現状を維持し、空軍は逆に九六万から九七万へと微増した。空軍の増加は、戦略空軍部隊が核攻撃戦力の主力を担ったことによる。従来、国防予算は、陸・海・空三軍にほぼ均等に配分されたが、ニュールック戦略体制のもとでは、陸軍二二%、海軍二九%、空軍四七%の比率が基本的に維持された(1)。

こうした特徴を持つ米軍再編の中で、海兵隊の位置づけは実は曖昧であった。海兵隊が、海軍に所属する陸上兵力という特異な存在であったためである。再編当初は、海外に駐留する海兵隊も、陸上兵力として撤退・削減の対象とされた。だが、本章で詳しく述べるように、極東地域に配備されていた海兵隊は、アジア冷戦の変化の中で、即応部隊としての役割を見出されることで重視されるようになる。その結果、海兵隊は、同じ陸上兵力でありながら陸軍とは異なり、米軍再編を通じて兵力数を約二二万から約二〇万へと微減させたにすぎず、三個師団を維持した(2)。

このことは、一九五〇年代の米軍再編に陸上兵力削減以外の論理も関わっていたことを示している。そこで、海兵隊の再配備を中心に極東米軍再編をめぐる米国政府内の議論に焦点を当てることで、アイゼンハワー政権が、極東米軍再編の過程でアジア冷戦情勢の新展開や反基地闘争といった問題に直面し、米軍再編とこれらの問題への対処をいかに両立させたのかを考察する。

第三海兵師団および第一海兵師団に所属する第一海兵航空団は、朝鮮戦争休戦直前にそれぞれ日本本土と韓国に配属されたが、極東米軍再編の過程で、第三海兵師団の二個連隊および第一海兵航空団は一九五五・五七年に沖縄へ移転し、その他は米本国へと引き揚げた。

海兵隊の沖縄移転について言及したり分析を行ったりしている研究は複数存在するが、いずれも重要な示唆に富むものの限られた時期を対象とした分析となっている。

まず、極東米軍再編の一環として海兵隊が沖縄に移転したとする議論は次の通りである。李鍾元は、米軍再編の中で、当時のＪＣＳ内では陸軍を何個師団、どこに残留させるかをめぐり激しい議論が交わされたが、海兵隊に関しては一九五五年一月の時点で沖縄移駐が決まっていたと論じる(3)。また、林博史は、米軍再編の際、海兵隊と陸軍が共に自軍を一個師団沖縄に配備するよう主張して対立したが、「他地域への派遣の際の便宜」等から海兵隊の沖縄移転が決まったと指摘している(4)。さらに、新崎盛暉は、米国政府が、極東米軍再編を利用して日本本土の反米感情の鎮静化を狙い、日本本土から撤退させた海兵隊を「日本ではない沖縄」に移駐させたとする(5)。

米国のアジア冷戦戦略との関連から海兵隊の沖縄移転を論じた研究も存在する。まず、宮里政玄は、第一次台湾海峡危機を契機に沖縄の米軍基地が強化され、この中で海兵隊も沖縄に配備されたのではないかと示唆した[6]。また、サランタクス（Nicholas E. Sarantakes）は、沖縄に海兵隊が配備されたのは、第一に、厳しい訓練を行うため、第二に、太平洋における即応兵力として活動するため、第三に、核兵器をも使用して沖縄を防衛するため、であったとする[7]。

他方、政策決定者の意向が海兵隊の沖縄移転を決定づけたという議論も重要である。屋良朝博は、海兵隊が日本本土での反対運動によって沖縄へ移転したのであり、そこには戦略的理由などなかったと主張している。重要だったのは、ウィルソン国防長官によるトップダウンの決定であり、それは現在の「沖縄基地問題」にもいえるというのである[8]。平良好利とＮＨＫ取材班も、沖縄への海兵隊移転についてウィルソン国防長官の決断を重視しており、またその背景には、極東米軍再編に絡んで韓国の適正な兵力水準を調査した、ヴァンフリート（James A. Van Fleet）報告書の影響があったと指摘している[9]。

このように、海兵隊の沖縄移転に関する先行研究の議論は多様だが、海兵隊の日本本土配備から沖縄移転に至るまでの過程が通貫して検討されたことはない。しかし、沖縄への海兵隊移駐の要因を解明するためには、戦略上の要請や予算上の要請、政治的要請といった様々な側面に目配りしつつ、移転が検討され始めた時期から実際に決定され、移転が完了するまでのプロセスを、体系的に分析する必要があると考える。それゆえ、本章では、海兵隊の日本本土から沖縄への移転をめぐる米国政府内の政策決定過程を、軍部の文書を中心に現時点で入手できる限りの史料を用いて明らかにする。

また、一九五〇年代における極東空軍の再配備は、空軍が当時の米軍再編では兵力削減の対象ではなかったことから、先行研究ではまったく論じられてこなかった。だが、実際には、欧州地域とは異なり、極東地域では、米軍再編の最終段階で、空軍基地をも相当程度削減するという判断がなされた。なぜ、このようなことが起こったのだろうか。

そこで、本章では、日本本土における反基地運動が、米国政府に、米陸軍だけではなく、空軍および海兵隊の整理縮小を検討させるに至った事実も解明する。いいかえれば、極東米軍再編の過程を通じて、海外基地政策上の考慮が働いたことが、在日・在沖米軍基地の役割の変化をうながしたことを立証するのが、本章の狙いである。

なお、日本本土から沖縄への海兵隊の移転は、師団別に連隊単位で移駐命令が出されるという煩雑な過程をたどった。そのため、議論に入る前にあらかじめ、極東海兵隊の組織図（図1-1）およびその移転経緯の年表を次頁に掲げておく。

1　朝鮮戦争休戦と極東米軍再編計画

一九四七年頃には、第二次世界大戦後のヨーロッパ処理をめぐって米ソの対立が深まり、冷戦が本格化しようとしていた。一九四九年に中華人民共和国が成立するなど、アジアにも冷戦は波及し

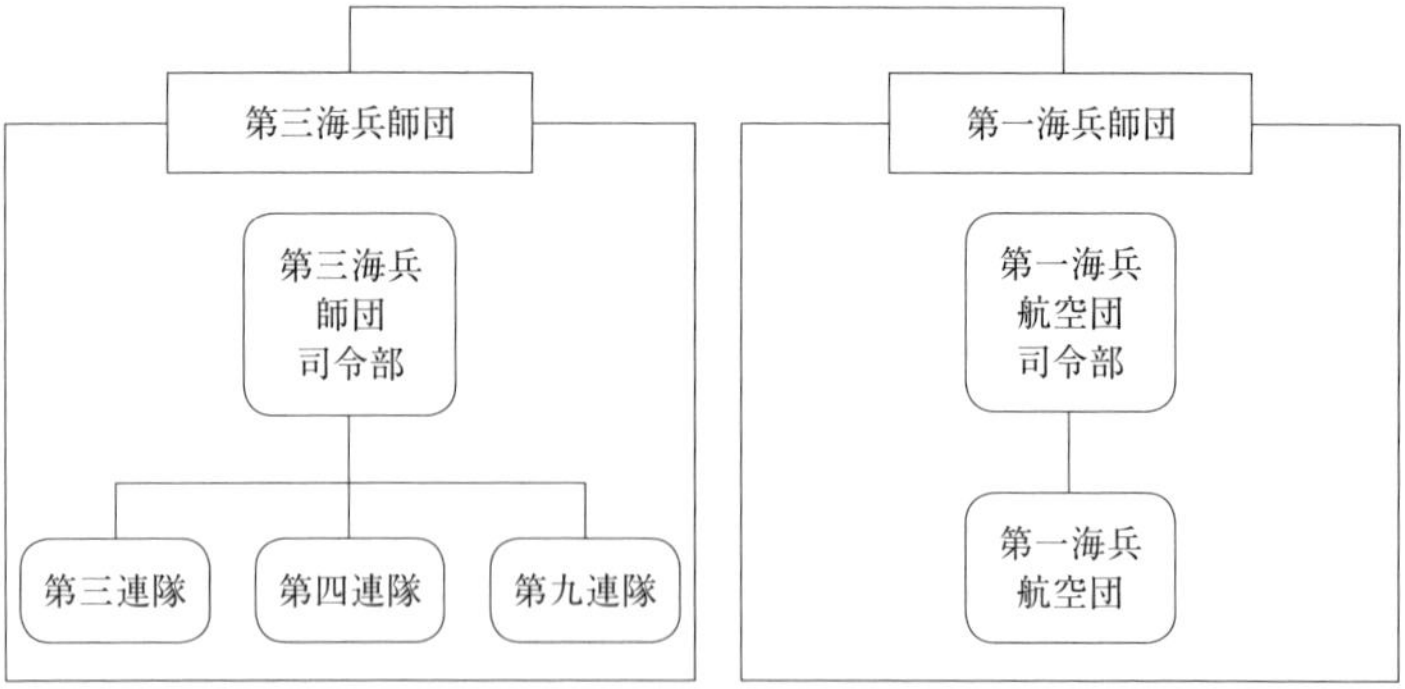

図 1-1　極東海兵隊の組織

年表　海兵隊の沖縄移転

第三海兵師団第三連隊		第三海兵師団第九連隊		第三海兵師団司令部		第一海兵航空団司令部	
1953年8月	山梨・静岡のキャンプ富士-マックネイア配備	1953年10月	キャンプ岐阜配備	1953年8月	キャンプ岐阜配備		
		1954年2月	キャンプ信太山に移転				
		1954年7月	キャンプ堺に移転				
		1955年7月	沖縄のキャンプ・ナプンジャに移転				
		1956年1月	沖縄のキャンプ瑞慶覧に移転	1956年2月	沖縄のキャンプ・コートニーに移転	1956年7月	岩国基地配備
1957年8月	沖縄のキャンプ瑞慶覧に移転						

※海兵隊の再配備は連隊単位で行われ、司令部の移転もまた別個に行われた。

つつあった。そして、一九五〇年六月に勃発した朝鮮戦争は、米国にとっては、共産主義勢力が世界的に攻勢を仕掛けてきたものと認識され、そのグローバルな軍事戦略に大きな影響を与えた。

朝鮮戦争勃発後、米国政府は朝鮮半島に兵力を投入するとともに、共産主義勢力に対抗するべく、アジアへの軍事的関与を強めていく。台湾海峡には、第七艦隊を派遣して台湾防衛の意思を示し、インドシナでは、ベトナムの独立をめぐって現地勢力と戦っていた旧宗主国のフランスへの援助を開始した。

米軍が朝鮮戦争を戦う上で重要な役割を果たしたのが、在日米軍基地と在沖米軍基地であった。まず、日本本土は、米軍の出撃基地としてだけでなく兵站補給地、軍事物資の供給地、将兵の休養先など、様々な点で重要な役割を果たしたため、米国政府にとって日本を軍事的に確保する重要性は高まった(10)。こうした中、一九五一年九月のサンフランシスコ講和条約の調印によって、日本は国際社会に復帰することになったが、同日、日米安全保障条約にも調印したことで、引き続き日本本土に米軍を駐留させることになった。旧安保は、米国が日本全土に米軍を配備する権利を得る一方で、日本を防衛する義務を負わないこと、行政協定が占領期の米軍の特権を温存する内容であったことなどから、駐軍協定にすぎないものであった。それゆえ、日本政府はこの後、旧安保の不平等性を解消するため、たびたび旧安保の見直しを提起することになるのである(11)。

太平洋戦争末期に戦場となった沖縄では、米軍が占領後ただちに日本本土への侵攻を目的として基地建設を開始していた。アジア太平洋戦争終結後も、沖縄は、一九四五年一〇月にＪＣＳが承認した戦後基地計画で、「最重要基地」と位置づけられ、米国が冷戦に備えて新たな軍事戦略を策定する中で重視された。とはいえ、米軍が沖縄を軍事的に恒久的に確保したいと考えていた一方で、国務省が日本への返還を要求するなど、米国政府内でもその位置づけはしばらく定まっていなかった。

しかし、冷戦がアジアにも波及する中、一九四九年五月、米国政府は沖縄を長期的に保持し、在沖米軍基地を拡充する方針を決定する。朝鮮戦争が勃発すると、沖縄には、これまで常駐していた第五一戦闘機航空団に加え、グアムから第一九爆撃機航空団が配備され、北朝鮮への出撃基地となった。また、米軍は沖縄を対空砲火部隊の演習基地、発信基地、補給基地として活発に利用した。これによって、米軍は在沖米軍基地の重要性を再認識し、基地建設をさらに推進していく。[12] その結果、サンフランシスコ講和条約では、沖縄は小笠原と共に、日本の「残存主権」が認められたと解釈することも可能な第三条において、引き続き米国の統治下におかれることになったのである。沖縄は、米国の排他的統治下において、米国の軍事拠点として強化されていくことになる。[13]

さて、朝鮮戦争は、一九五〇年九月一五日に実施された仁川上陸作戦以降、米軍を中心とする国連軍が優勢であったが、一九五〇年一一月の中国義勇軍の介入をへて、三八度線を挟んで戦況が膠着化し、スターリンの死後まもない一九五三年七月に休戦協定が成立する。そして、休戦直前、海兵隊のうち第三海兵師団の日本本土移駐が決定された。

そもそも海兵隊は、第二次世界大戦終結時、マリアナ諸島、琉球諸島、日本本土、中国北部において現地占領や日本軍の武装解除に従事したが、いったんは任務完了に伴い順次本国に引き揚げた。しかし、一九五〇年六月に朝鮮戦争が勃発すると、マッカーサー（Douglas MacArthur）国連軍総司令官の要請で、ＪＣＳは第一海兵師団および第一海兵航空団の韓国派遣を指示する。海兵隊は水陸両用作戦を担い、仁川への強襲上陸の三日後にソウルを奪還、敵の補給路を断って戦況を好転させた[14]。ただし、朝鮮戦争で活躍した第一海兵師団は、休戦成立後に本国へと帰還した。本章で取り上げる、この後沖縄へ移駐することになった海兵隊は、朝鮮戦争休戦直前に日本本土にやってきた第三海兵師団である。

日本本土への海兵隊配備は、一九五三年七月二三日にＮＳＣで海兵隊二個師団の極東配備が決定したことで実現した。ＮＳＣの決定は、休戦協定が「危険ないたずらになるかもしれ」ず、「休戦後でさえ、中共が容易に紛争を引き起こすか、我々に激しい攻撃をしかける」可能性を危惧した、アイゼンハワー大統領とダレス国務長官が、駆け込みで増援部隊派遣を要請した結果であった。大統領は、休戦協定違反を犯さぬよう、必要な場合に韓国への即時出撃が可能な日本本土への海兵隊配備が最善との判断を下したのである。第三海兵師団は連隊ごとに日本本土の富士、奈良、岐阜の各キャンプに配備された。また、大統領が、韓国と日本とに同時に増援部隊を送るべきだと主張したため、当時日本本土に駐留していた陸軍第二四歩兵師団が、第三海兵師団の日本配備に伴い、韓国に移転することとなった。さらに、大統領はあわせて、中国が休戦協定を破った場合に備え、核戦力を沖縄に配備するよう求め、出席していたキーズ（Roger M. Kyes）国防副長官の同意を得た[15]。

しかし、朝鮮戦争休戦協定の成立後、アイゼンハワーが真っ先に着手したのは、朝鮮戦争で膨張した軍事費の削減であった。朝鮮戦争を契機に、極東のみならず欧州にも多数の米軍が新たに派遣され、アイゼンハワー政権発足時には、米軍兵力は約三五一万三〇〇〇人に達しており、しかもその約半数を陸上兵力が占めていた。軍事予算でいうと、一九五〇会計年度の一三〇億ドル（対GNP五・二％）から、一九五三会計年度の五〇四億ドル（対GNP一三・五％）へと急速に膨れ上がった国防費は、連邦予算の七〇％近くを占めるに至っていた。こうした軍事的負担によって、米国の財政赤字は深刻な状況にあった。しかもスターリンの死後、ソ連の指導者たちが、米国との「平和共存」を掲げるいわゆる「平和攻勢」をしかけてきたため、冷戦の「長期戦」化が予想された。そこで、大統領は、就任から約一年かけて、陸上兵力削減と核戦力への依存、同盟関係、外交交渉などの総合的手段によって、ソ連に対抗するニュールック戦略を策定する。[16] そして、朝鮮休戦協定が維持される見通しが立った段階で、陸上兵力削減を主眼とする米軍再編を断行したのである。

米国の陸上兵力削減において焦点となったのが、朝鮮戦争の舞台となった極東地域における米軍の再編であった。朝鮮戦争によって、米国の全地上兵力のほぼ半分近くが極東戦線にくぎづけになっていた。具体的には、休戦の時点で、米国の保有する陸軍二〇個師団のうち、韓国と日本にそれぞれ七個師団と一個師団が配備され、三つの海兵師団のうち、一個師団が韓国に投入され、もう一つの師団は前述のように休戦直前に日本に配備されていた。[17] こうした状況で、極東に陸軍何個師団を残存させるか、海兵隊を含む陸上兵力をどこに配置するかをめぐって、米国政府内で議論が展開される。

朝鮮戦争休戦協定の成立から約五カ月後、一九五三年一二月三日のNSCにおいて、大統領はラドフォード（Arthur W. Radford）JCS議長の抵抗を押しきり、韓国に駐留していた陸軍七個師団のうち二個師団の一九五四年三月一日撤退開始を決定した。同会議では、休戦状態が長期化した場合、在韓米陸軍を二個師団にまで削減し、さらに状況に応じて極東から陸軍を追加撤退させることも決定された。これを受けてJCSは一九五四年四月一日、極東米軍再編計画をウィルソン国防長官に提出した。同計画は、極東に現存する陸海空軍の一部撤退・配置転換に加え、一九五五年七月から九月の間に海兵隊一個師団を本国に引き揚げる内容となっていた[18]。

この時点では、JCSは極東に残存する海兵隊一個師団の配備先を決定していなかった。JCSは最終的に陸軍一個師団および海兵隊一個師団を韓国に残存させる意向であったが[19]、海軍作戦部長および海兵隊総司令官が、海兵隊の軍事上の柔軟性をいかすため、日本本土への海兵隊一個師団の配備を求めていたからである[20]。

一方、極東米軍再編計画の検討段階で、極東軍司令部は陸軍一個師団を沖縄に移転させる案をJCSに提出していた。ハル（John E. Hull）極東軍司令官は一九五四年三月一五日、陸軍の沖縄移転のメリットとして、沖縄から日本・韓国へは即時出撃できること、そのため日本防衛の兵力を削減でき、日本への防衛力増強の圧力にもなること、陸軍は移転費用が安いことを挙げている。同時に、「日本の米軍基地は、日本側に返還するよう常に政治的圧力をかけられており、日本で新たな、もしくはより良い訓練施設を得ることができるかどうか疑問だ」と指摘した。同時期、陸上自衛隊の駐屯地を確保したい日本側の要求で、米陸軍第一機甲師団は北海道から八戸、仙台、東京、大津の各地に移転しようとしていた。ただし、ハル自身が認めていたように、陸軍の沖縄配備には作戦遂行上の大きな難点があった。有事に沖縄から日本・韓国に出撃する際、陸軍は海上移動用の手段を持っていないため、海軍艦船で運搬してもらう必要があったのである[21]。

極東軍案は陸軍削減への抵抗という意味合いが強かったこともあり、JCSはこれを採用せず、韓国から陸軍第二四師団を日本へ、一個師団をハワイへ、その他二個師団を米本国へ移転させる計画をとった[22]。だが、ハルは、その後も折に触れて持論を展開していくことになる。

米国政府はこの時期、陸上兵力削減と同時並行で、極東への核配備の準備として、ソ連に対する核攻撃を行う大型の戦略爆撃機が離発着を行えるよう、空軍飛行場の滑走路の延長を計画していた。そこで、一九五四年三月、日米合同委員会にて日本政府に対し、立川・横田・木更津・新潟・伊丹の五つの飛行場の拡張を要求した（ただし、伊丹は後に小牧へと変更された）[23]。

2　ジュネーヴ休戦協定と第一次台湾海峡危機

米国のインドシナ関与

一九五四年に入り、ベトナムの独立を阻止しようとするフランス軍の劣勢が濃厚になると、ウィルソン国防長官は、四月六日のNSCにおいて、すべての極東米軍再編計画を同年六月一日まで保留すると通告し、翌日JCSにもその旨を伝えた。だが、五月七日には、仏軍の守るディエンビエンフーが陥落し、米国の反対にもかかわらず、フランスとホー・チ・ミン率いるベトナム民主共和国との間で和平交渉が開始される。そこで、JCSは六月一日の時点で、ウィルソンにさらなる計画延期を助言した(24)。

インドシナ情勢の悪化を知ったハル極東軍司令官は、JCSに対し、「極東米軍の本国引き揚げは、共産主義勢力に対して弱さを見せることになる」という、陸軍削減に反対する際の定型句を一層強調する電報を送った。彼は、韓国の第二四歩兵師団を沖縄へ、第二五歩兵師団をハワイに再配備すべきであり、もし、それらの部隊を本国に引き揚げれば、共産主義勢力から、米国はインドシナに介入する意思がないと見られると主張した(25)。

インドシナ紛争をめぐるジュネーヴ休戦協定成立の翌日の七月二二日、JCSはウィルソンに極東米軍再編計画の再検討を助言した。そこで、ウィルソンは七月二六日、軍事補佐官、国防次官補の順に検討された案を自身が承認した、計画の年内完了と一部変更をJCSに提案する。安全保障の専門家ではないウィルソンは、国防総省の軍事補佐官やISAに立案させ、国防次官補が支持した構想を、承認する形をとっていた。計画の変更点とは、韓国および日本に駐留する海兵隊二個師団の極東残留であった。具体的には、韓国の第一海兵師団は引き続き現地に留まり、日本の第三海兵師団については、そのうち連隊付戦闘部隊はハワイへ（一九五五年二月に第四連隊が移転(26)）、「残りは沖縄へ移転」させるという内容であった[27]。

国防総省のこの判断は、一つには、ジュネーヴ休戦協定で暫定的に定められたベトナムの南北分断によって、南北間の住民移動が発生したことへの対応であったと推察される。この後、ベトナム北部から南部へと約三〇万人の住民が避難したが、彼らの移動を手助けする任務を担ったのが、第三海兵師団および第一海兵航空団であった[28]。

インドシナ情勢の変化は、海軍の再編計画にも影響を及ぼした。ニュールック戦略では当初、即応性に欠けた、時代遅れな機雷戦・対潜水艦戦能力を有する海軍兵力を、海外から引き揚げて本国に集約し、局地侵略には戦略空軍による核攻撃で対応することが想定されていた。しかし、ベトナム民主共和国が独立したことで今後予想される、ベトナム南部での共産主義勢力によるゲリラ戦への対応として、戦略空軍の投入という手段がそぐわないことは明白であった。そのため、極東海軍は大幅削減を免れ、戦闘兵力数や、航空母艦・戦艦・巡洋艦・駆逐艦・潜水艦の保有数を、ほぼ維持することになった（ただし、非戦闘員数や右記以外の艦船の保有数は大幅に削減された）[29]。

また、インドシナの共産化を危惧したアイゼンハワー政権は九月八日、東南アジアの反共防衛機構として、アメリカ・イギリス・フランス・オーストラリア・ニュージーランド・タイ・フィリピン・パキスタンが参加した、ＳＥＡＴＯを発足させる。しかしＳＥＡＴＯは、できる限り直接的関与を回避したい米国の思惑に反して、加盟国の軍事的貢献が期待できない、米国の軍事力に依存した多国間同盟となった。そこで、ＪＣＳは、東南アジアにまで米陸上兵力を割けないとして、同地域への中国軍の侵略に「機動打撃兵力」でもって対応する戦略を採用する。ＪＣＳは具体的には限定核攻撃を想定していたが、ウィルソン国防長官が核の使用は政治的に困難だと反対した。[30]こうした議論が、次節で論じるように、海軍と共に海兵隊を「機動打撃兵力」の一部として再定義することにつながる。

第一次台湾海峡危機への対応

しかし、海兵隊の再編計画変更の背景としてより重要なのは、第一次台湾海峡危機の勃発であったと考えられる。ジュネーヴ会談開催中の一九五四年五月一五日から二〇日にかけて、中国軍が台湾海峡の東磯列島を陥落させる事件が起きたのである。米国政府内では、軍部を中心に中国軍攻撃を主張する意見が強かったが、大統領は慎重な姿勢をとり、六月一日、中国軍が次に攻撃目標とすることが予想される大陳列島を、海軍第七艦隊に「友好訪問」させるに留めた。[31]

中国軍の台湾海峡での軍事行動に対し、国防総省のＩＳＡは、沖縄への米軍の追加配備によって対処することを考えた。その理由は以下の通りである。

戦略的観点から見て、沖縄への海兵隊もしくは陸軍一個師団の駐留は、島嶼地帯の防衛を強化し、米軍の極東配備に柔軟性を付与することになろう。加えて、米国のアジア諸同盟国に有益な心理的効果をもたらし、また、共産主義勢力に対して我々が強力な軍事態勢を維持するという決意を示すことになる。さらに、日本本土から沖縄への一個師団の移駐は、自衛隊の増強による深刻な基地の過密問題を解消できるだろう。(32)

そして、ＩＳＡは、極東軍司令部が求める韓国の陸軍歩兵師団ではなく、日本本土に駐留する海兵隊の沖縄移転を検討するに至る。もし、極東軍司令部が主張するように陸軍一個師団を沖縄に再配備すると、削減対象の陸軍を同地域に温存することになってしまうというのが、陸軍ではなく海兵隊の沖縄配備を決めた理由であった。(33)

ＩＳＡの提言を受け、ウィルソンは、ＮＳＣの承認を得て八月一二日、日本本土に駐留する第三海兵師団の沖縄移転を決定した。ところが、極東軍司令部が、陸軍約一万二〇〇〇人の駐留する沖縄には、海兵隊基地を建設する場所がない旨指摘したため、同決定をいったん保留とすることとなる。(34)ＪＣＳは、極東軍、極東海軍司令官、極東空軍司令官および海兵隊司令官による沖縄現地調査の結果をもって、最終的な決定を下すことにし、ウィルソンにその旨を報告した。(35)

その約一週間後の九月三日、四日、中国軍は金門島への大規模な砲撃を行った。これに対する米国政府内の反応は二つに割れた。九月九日、一二日のＮＳＣにて、リッジウェイ（Matthew Ridgway）陸軍参謀総長の意見として、金門諸島に台湾防衛上の戦略的価値はないとの見解が紹介され、ウィルソンも、中国沿岸島嶼を中国の一部として認めるべきだと述べた。一方、ラドフォードを筆頭にＪＣＳの大多数は、米国による沿岸島嶼の全面防衛と中国への核攻撃を主張した。それに対し、大統領は、中国沿岸の島嶼の喪失が中華民国政府（以下、国府）に与える心理的打撃を懸念しつつも、沿岸島嶼のために第三次世界大戦を起こしたり、米軍に再び朝鮮戦争のような経験をさせたりすることは考えられないと主張する。[36]

そこで、ダレスは、沿海島嶼から撤退せず、中国軍に反撃もしないという折衷案を示した。具体的には、一〇月一四日のＮＳＣにて、米華相互防衛条約の締結と国連を通じた停戦交渉によって、台湾海峡の現状維持を目指す方針を提案し、大統領の同意を得る。中国軍が、一一月に入って空軍機による大陳列島爆撃を開始すると、米国政府は、沿海島嶼を条約の適用範囲としないことを条件に、国府が求める米華相互防衛条約の締結に応じた。[37]このように、アイゼンハワー政権は、国府の島嶼防衛への関与そのものには消極的だった。[38]

その一方で、米国政府は台湾海峡情勢への対応として、一九五四年末までに沖縄への最初の核配備を決定し、まもなく実施した。[39]中国大陸沿岸部までわずか四〇〇マイルの距離にあり、台湾海峡まで爆撃機で一時間以内で到達できる沖縄は、「米中戦争勃発後二時間で北京を灰燼に帰す」という核の脅しを、中国に与えるための拠点とされたのである。[40]とはいえ、アイゼンハワー自身は、実際にはアジア有事での核使用は困難だと認識していた。大統領の狙いは、核カードの効果的な利用によって、米国政府の中国への対決姿勢を国内世論に強調すると同時に、中国軍との直接衝突を回避しながらその膨張を阻止することにあったとされる。[41]

しかし、アイゼンハワーとダレスが、核による恫喝と外交交渉を織り交ぜた手段によって、第一次台湾海峡危機の解決を目指したのに反して、米国政府内には、ラドフォードＪＣＳ議長らを中心に「巻き返し」論が台頭していた。在韓米軍撤退に伴う韓国軍増強の適正水準に関する調査のため、東アジアの同盟諸国に派遣されたヴァンフリート元第八軍司令官が、一九五四年一〇月四日、大統領に提出した報告書は、「巻き返し」論の急先鋒となった。同報告書は、中国が冒険主義的で短期的にはソ連よりも脅威であるとの前提に立ち、台湾や韓国と連携した中国への攻撃を唱え、台韓両国の大幅な軍備増強を要求する内容であった(42)。

ただし、ヴァンフリート調査団が先行して六月三日に提出した中間報告に対しては、六月二九日、ハル極東軍司令官が反論を加えている。ハルは、韓国軍を人数の面では縮小する一方で装備の面で補強するという独自の再編案と、在韓米軍を完全撤退させ沖縄・ハワイに移転させる案をＪＣＳへ提出した。彼は、ヴァンフリートとは異なり、中国軍の撤退によって朝鮮半島において軍事バランスが好転、戦争再発の可能性が低下しているとの見方をとっており、米国のアジアへの関与縮小と負担軽減を重視したのである(43)。

ヴァンフリート報告は、一〇月二八日のＮＳＣにおいて検討されたが、大統領は同報告をヴァンフリートの個人的見解として取り扱い、「巻き返し」論に与しなかった。この背景には、前述の大統領の対中方針に加え、米国の国防予算自体の全体的削減ゆえ、極東の兵力増強は現実問題として困難だという事情が存在した(44)。

第一次台湾海峡危機をめぐる政府内の議論が盛り上がる中、一九五四年一〇月一八日、海兵隊司令官は、第三海兵師団の沖縄移転を勧告する現地調査結果をウィルソンに提出していた。同報告書は、海兵隊が最初に沖縄移転を提案したのではないと留保しつつ、極東米軍再編の目的から考えて海兵隊の沖縄配備は適切だと述べた。その目的とは、日本と韓国から米陸上兵力を撤退させ、同盟国の陸上兵力を補完する形で、米空海軍の機動兵力に依存した水陸両用能力を極東・西太平洋地域に有し、空陸即応機動部隊に日本からインドネシアまで連なる「島嶼地帯」を防衛させることである。海兵隊であれば、同盟国もしくはその他の陸上兵力に空と海からの援護射撃を行うために、効果的な組織力を提供する能力を有している、というのが報告書の主張であった[45]。

その一方で、海兵隊の沖縄移転の焦点であった基地建設の可否について、海兵隊司令官は、最大の問題である土地の確保には触れず、極東軍が一〇月八日に提出した報告書で批判した、海兵隊の高い移転コストの問題は解決できるとする試算を報告書に添付した。九月二〇日の海軍長官提出時には、第一海兵航空団については、第三海兵師団の沖縄移転後に移転先・日程を再検討するという提案を盛り込んだのが、国防長官提出時には消え、原案通りに第一海兵航空団は第三海兵師団と同時に沖縄に移転するという内容に戻されている[46]。これは、一〇月六日、極東米軍再編の実施にあたり、JCSがハルに対して日本本土と沖縄に駐留する米軍の規模を調整する権限を与えたので[47]、第一海兵航空団の再配備に関する検討を極東軍に委ねた結果だと思われる。

だが、極東軍に加えてJCSも、海兵隊の沖縄移転に異議を唱えるようになっていた。JSPCは一一月五日、米ソ全面戦争時には、第一海兵師団は開戦後三カ月以内に、第三海兵師団は即時欧州へ移転する計画となっているので、第三海兵師団の沖縄配備は現実的ではないとして、陸軍一個師団の沖縄配備を勧告したのである[48]。

しかし、ウィルソンが下した判断は、陸上兵力削減方針の貫徹であった。彼は一二月九日、軍事における「最大限の技術革新と最小限の人員」を求める大統領の指示に従い、韓国に駐留する第一海兵師団の本国引き揚げと、その穴埋めとして第二四歩兵師団の韓国再配備を命じた。ウィルソンは、これに加えて極東米軍の追加削減計画の早急な作成をJCSに指示した。同時に、日本本土に駐留する第三海兵師団のうち一個連隊以下規模の部隊を、早急に沖縄に移転させるよう要求する[49]。

ハルは依然として、沖縄での海兵隊基地建設は困難だとして、第三海兵師団の韓国移転を主張した[50]。だが、一九五五年三月に在韓米軍の一部施設の使用が終了するにあたって、韓国政府との使用延長をめぐる協議が難航していたため[51]、韓国は新たな米軍部隊を受け入れられる状況にはなかった。

このため、JCSは、ウィルソンの指示に従い、前述のJSPC案を破棄することとしたが、同時に、極東軍司令部の見解を考慮し、計画変更が最小限で済むとして海兵隊第三師団の本国引き揚げを検討した[52]。また、各軍および極東軍司令部との協議をへて一二月三一日に提出した暫定的回答の中で、第一海兵師団と共に韓国から撤退した第一海兵航空団を、日本、ハワイ、本国に分散移転させることを提案して、ウィルソンの了承を得た。JCSは翌一九五五年一月一一日には、極東に駐留する陸軍を二個師団まで削減することを具申し、これも承認された[53]。残留する二個師団は、最終的に韓国に駐留することとなった[54]。

3　海兵隊の沖縄移転

第一次台湾海峡危機の収束

国府は一九五五年二月、台湾海峡危機を収束させるために米国が示した提案に従って、大陳列島から自軍を撤退させた。その際、第三海兵師団・第一海兵航空団が海軍第七艦隊と共に、二四時間以内の台湾兵・住民の引き揚げを支援した[55]。

しかし、中国の次の目標が金門・馬祖諸島であると考えられたことから、台湾防衛に関する米国政府内の議論は継続され、同年三月一〇日のNSCでは中国への核兵器使用の検討も始まる[56]。さらに、ラドフォードJCS議長は米国の台湾防衛の意志を示すため、極東陸軍削減中止の発表と同時に、海兵隊一個師団を台湾本島に派遣し、さらに海兵航空団を太平洋上に配備する案を提案した。ウィルソン国防長官もこれを支持した[57]。

海兵隊の台湾本島派遣案が浮上した背景として、次の二点が挙げられる。第一に、極東軍司令部がついに、海兵隊の沖縄移転を受け入れたことである。ハルが二月七日、海兵隊の沖縄移転の必要性を認める姿勢に転じたのである。その契機となったのは、「日本国内の自衛隊基地が不足している」ため、「第三海兵師団の連隊付上陸団が日本で使用している施設を明け渡して譲渡するよう、日本政府から非常に強い圧力がかかることが予想される」状況であった[58]。極東軍は日本に防衛力増強を要求している立場上、米軍基地の自衛隊移管の要求を断ることは難しかった。ハルの予想は、次節で後述するように現実のものとなる。

第二に、一九五四年一一月の中間選挙で議会を制した民主党が、ニュールックへの批判的姿勢を示そうと、翌年一月一七日に提出された軍事予算案に対し、海兵隊予算および空軍のB52建造予算を上乗せしたことである。[59]海兵隊の沖縄移転の問題は、少なくとも予算に関しては解消されたのである。

ただし、ハルは、ウィルソンが先に指示した連隊付上陸団のみの沖縄移転は、運用上の効率性が下がるため、第三海兵師団全部隊（第四連隊除く）の現地宿舎の建設が完了した時点で、同師団を沖縄に移転させるよう勧告する。ハルが問題視したのは、日本本土よりも訓練施設の劣悪な沖縄に連隊付上陸団のみを移すと、第三海兵師団が一つの部隊として訓練を行えない点であった。陸軍参謀総長もこれに同意してJCSに検討を求め、JSPCもハルの見解に賛意を示した。[60]

だが、ウィルソンは一九五五年四月に再度、第三海兵師団の連隊付上陸団の早急な沖縄移転を要求し、一個連隊用の宿舎を沖縄に建設する費用の支出を承認したため、JCSはこれに従った。[61]米国政府関係者が二月に、「中国との軍事衝突の際には、地理的に台湾に近接した沖縄の米軍基地を大々的に利用することになる」と語ったとの記録もあり、[62]国府の大陳列島放棄と前後して、海兵隊を沖縄に駐留させた上で台湾に派遣する案が浮上したと考えられる。

問題は、海兵隊の台湾本島派遣案は、島嶼防衛に米国を関与させたい蔣介石の意に反しており、国府が、米軍が台湾本島・澎湖諸島のみを防衛することを受け入れるかどうかという点にあった。国府は、米華相互防衛条約における米国側の適用地域が、米国「管轄下」の「西太平洋諸島」となっていることに注目し、同諸島の中で最も重要なのは沖縄であること、国府も沖縄防衛に協力する用意があることを、国民党機関紙『中央日報』で主張していたのである。国府の狙いは、金門島等の防衛のために、琉球諸島の中で台湾に最も近い宮古・八重山諸島を、国府軍が基地として使用することであった(63)。

ウィルソンが、海兵隊の沖縄移転を急いだのは、こうした国府の動きを警戒したことも大きかったのではないかと考えられる。彼は、蔣介石の姿勢を考慮せずに台湾本島への海兵隊派遣を検討すべきだと主張し、ダレスも台湾本島への米軍派遣には賛成した(64)。

そこで、ダレスは、四月下旬にラドフォードらを訪台させ、国府が金門・馬祖から撤退すれば、台湾・澎湖諸島を拠点に大陸沿岸部を封鎖する共同作戦を実施するという提案を行わせたが、蔣介石が金門・馬祖防衛に固執して交渉は失敗する。これ以降、米国政府は、台湾防衛ではなく、中国との大使級会談による外交的解決のほうに活路を求めていくことになり、中国側も同時期のアジア・アフリカ会議を皮切りに、金門・馬祖の軍事攻略をいったん断念して平和攻勢へ転じた(65)。

にもかかわらず、第三海兵師団第九連隊が一九五五年七月、大阪府の堺から沖縄のキャンプ・ナプンジャに移転し(66)、九月には第三海兵師団の沖縄移転のための基地建設計画が承認されたのは(67)、東南アジア情勢への対応任務を新たに課せられたためであった。同時期、米国政府はタイにおける共産主義の脅威が高まっていると認識し、第九連隊の拠点を沖縄に移した上で、危機が去るまでタイのウドーンターニーに一時駐留させたのである。[68]

沖縄と日本本土の反基地闘争

第一次台湾海峡危機をめぐる状況が変化しても、ウィルソンが、海兵隊の沖縄移転の決定を覆さなかった背景として、東南アジア情勢に加え、同時期、日本本土の反基地運動が激化していたことも挙げられる。旧安保下では、日米行政協定にもとづき米軍の日本配備は米国の無期限の権利として認められており、しかも日本側が土地を接収して米軍に基地を提供する義務を課せられていた。しかし、日本政府が米国側の要求に従って、立川・横田・木更津・新潟・小牧の米軍飛行場周辺の土地を新規接収しようとしたところ、地元住民・自治体の強い抵抗を受けることになった。中でも、立川周辺住民が展開した「砂川闘争」は、一九五五年に入ると、労働者・学生等の団体や革新政党からの支援を受けたばかりか、日本政府の測量を阻止しようとした人々に対する警察の暴力が批判的に報じられて、世論の支持を得る。結局、日本政府は、横田以外のすべての場所での軍用地接収に失敗した。[69]

こうした日本国内の政治状況を鑑みて、一九五五年四月に決定されたアイゼンハワー政権の新対日方針NSC5516／1では、米陸上兵力の日本撤退が明記された。もっとも、その時期や規模などの具体的な内容は、同方針には明記されていなかった。[70]だが、六月に入ると、NSCにおいて、極東では陸軍二個師団のみを韓国に残留させ、在日米陸軍は撤退させる計画が承認された。ここでダレスは、政治的に在日米軍の維持がますます困難になっていることを強調し、大統領も、「外国に占領軍を維持することに伴う困難」に理解を示した[71]。海兵隊の沖縄移転の開始は、陸軍の日本撤退の決定と軌を一にしていたと考えてよいだろう。

ところが、第三海兵師団第九連隊の沖縄移転後、同師団第三連隊および第一海兵航空団の沖縄移転は容易には確定しなかった。海兵隊の沖縄移駐は、大規模な新基地の建設を意味したが、米軍による基地建設地の強制接収と低額な地代の一括支払いに対し、沖縄住民の反対闘争が激化したからである。

一九五五年一〇月のOCB報告は、「日本から沖縄への地上兵力の再配備は、米軍が使用する追加の土地を要するようになったため、沖縄で深刻な問題となっており、それが日本にも波及している〔＝沖縄施政権返還の要求が高まっている——引用者注〕」と指摘している[72]。

OCB報告で示された懸念は、一九五六年六月に沖縄全島をあげての「島ぐるみ闘争」という形で、米国政府の政策決定者たちの前により明確に立ち現れた。島ぐるみ闘争とは、一九五五年一〇～一一月に沖縄を訪問した米下院軍事分科委員会の調査団が、沖縄の占領統治を管轄する陸軍省による軍用地代の一括支払い方針を支持する、「プライス勧告」を発表したことに対する抗議と撤回を求める運動である。闘争自体は、琉球列島米国民政府（以下、USCAR）による軍用地代三～五倍引き上げ方針の表明と、現地住民から自治権を取り上げるとの脅し、オフ・リミッツ（米兵・

軍属立ち入り禁止区域）指定といった、飴と鞭の方策によって二カ月程度で収束した。しかし、プライス勧告から島ぐるみ闘争への展開は、米国側に衝撃を与えた。

一九五六年九月二一日、米国駐日大使館は国務省へ送った報告書の中で、沖縄について次のように述べている。すなわち、サンフランシスコ講和条約第三条で認められた権利とあわせ、「沖縄に好戦的な民主主義運動が存在しない」ことから、米国は、沖縄に対する日本の残存主権を考慮せずに、沖縄に関することを米国の国内問題同様に自由に扱えると考えてきた。しかし、島ぐるみ闘争によって、この前提が誤りであることは明白になった。沖縄に強力な民族感情が存在することは疑えない事実であるとの認識を示したのである。[73]

このような状況を受け、今度は、ウィルソン自らが、第三海兵隊第三連隊および第一海兵航空団の移転先を、沖縄にこだわらずに再検討するようになった。

一九五六年一二月、ウィルソンはまず、第一海兵航空団の沖縄移転のために予定されていた海軍の与那原飛行場の拡張計画をとりやめ、当時は空軍管理下にあった普天間飛行場を、海軍にも使用させるよう調整を命じた。島ぐるみ闘争が勃発したことを受けて、ＵＳＣＡＲ・極東軍・国務省が与那原飛行場建設計画に反対したことが原因であった。その後、与那原飛行場は地元に返還されることになる。[74]

さらに一九五七年四月、ウィルソンは、ＪＣＳから送付された次の覚書に、「現在、大部分を実行中」との頭書きをつけ、「大統領が読みたいかもしれないから」と、グッドパスター（Andrew

Goodpaster）大統領補佐官に回覧した。覚書には、現時点で沖縄には海兵隊の二陸上戦闘連隊を配備予定だが、沖縄にこれ以上の基地を建設するのは賢明ではないという、ラドフォードの見解が記されていた。その上で、「軍事的観点からは海兵隊の部隊を極東、特に東南アジアの紛争の起こりやすい地域に迅速に再配備できることが望ましい。この点、グアムなら可能性があり、検討すべき」だという提言が盛り込まれていた。[75] 実行を前提とした覚書を大統領に渡したということから、ウィルソン自身が、まだ日本本土に留まっている海兵隊のグアム移転に前向きであったことは間違いないだろう。ウィルソンは、これまで海兵隊の沖縄移転に積極的であったが、第一次台湾海峡危機の収束が見えてきたことで、島ぐるみ闘争など悪化する沖縄現地の政治情勢に鑑みて、移転実施を疑問視し始めたのである。

独立回復後の日本国内の反基地運動は、日本政府の対米姿勢にも影響を及ぼす。一九五五年八月末に訪米した鳩山内閣外相の重光葵は、旧安保の相互防衛条約への改変を申し入れたが、その際、日本からの米軍の将来的な全面撤退と基地使用の制限を条約案に盛り込んだ。重光構想は、ダレスの全面的な拒否と反論にあったが、在日米軍に対する日本国内の風当たりが強まる一方である事実を表していた。[76]

そこで、一九五六年七月一二日のNSCにて、ウィルソンは、日本におかれた極東軍司令部の廃止とハワイの太平洋軍司令部への統合、極東軍司令部が兼ねていた国連軍司令部の韓国移転を決定したと報告した。同措置の目的は、米軍指揮系統の効率化であったが、彼は、国連軍司令部の韓国移転には、「日本国内にはびこる、日本はまだ米国の占領下にあるという考え」を払底する意図があり、これに失敗すれば在日米軍基地をすべて失うことになると述べた(77)。

ジラード事件

ところが、こうした状況において、日本国内の反米・反基地感情を一層悪化させる事件が起きる。一九五七年一月三〇日に群馬県相馬が原演習場にて発生した、米兵が薬莢拾いをしていた日本人女性を射殺するという、いわゆる「ジラード（William S. Girard）事件」である。同事件に触発され、その前後に起きた、福岡県板付飛行場や北海道の千歳飛行場での米兵による日本人射撃事件にも、負傷者は出なかったものの注目が集まった。また、一九五六年九月七日に静岡県東富士演習場で、第三海兵師団第三連隊の兵士が、薬莢拾いに来た日本人女性を撃ち重傷を負わせた事件についても、ジラード事件を契機に国会で野党が取り上げるようになり、日本政府が遅まきながら調査を始めざるをえなくなった(78)。

ジラード事件勃発時、日本では石橋湛山が内閣を率いていたが、石橋は病のため、就任直後から政権運営を岸信介に預けざるをえない状態にあった。そうした状況で、一九五七年二月一五日に着任したマッカーサー駐日大使は二五日、後継首相に予定されていた岸に、訪米の招待状を手渡した。首相に就任した岸は早速、六月の訪米を希望するとともに、日米首脳会談で取り上げたい議題に日米間の安全保障・防衛問題の解決を含めること、訪米に備えて駐日大使館との間で複数回の会談を行いたい旨を申し入れる[79]。

そして、五月八日の安川壮・外務省欧米局第二課長とスナイダー（Richard L. Sneider）駐日大使館書記官との間の会談にて、日本側は、「在日米軍陸上兵力の全撤退」、具体的には、陸軍第一機甲師団および第三海兵師団第三連隊の日本撤退を要請した[80]。当時、日本政府は、ジラード事件に対する世論の激しい批判を無視できず、米軍が事件勃発時にジラードは公務中だったとして第一次裁判権を主張したのに抗して、日米安全保障条約調印後初めて日本側の裁判権を主張するに至っていた（ただし、実際には日米政府間で、可能な限り刑が軽くなる容疑で起訴するという密約を交わし、執行猶予付き判決後ただちにジラードを帰国させた）[81]。

大統領は、ジラード事件に対する日本国内の反応を知ると、「現地の戦闘兵力の数を削減する迅速で抜本的な策をとらねば、反米感情の醸成は不可避」だという懸念をダレスに示した[82]。そして、大統領は、六月下旬に予定されていた岸首相の訪米に合わせ、撤退の具体的内容を検討するよう指示する[83]。

そこで、六月六日に、大統領、ダレス、ウィルソンの間で三者会談が行われた。会談の席上で、大統領とダレスは、在日陸上兵力の削減は政治的に可能であり、また実際に望ましいとして、「なぜもっと多くの兵力が削減されていないのか理解できない」とウィルソンを責めた。実際には、一九五五年六月九日のNSCにおける極東米軍配置転換計画の決定に伴い、極東軍司令部は、まずは一九五六年六月三〇日までに在日陸軍戦闘兵力を一個師団、約一万人へと削減し、兵站支援部隊約三万三〇〇〇人と合わせて四万三〇〇〇人を残留させる計画を策定していた[84]。しかし、JCSはその後、いつの時点で残りの在日米陸軍を撤退すべきかの研究を始めていなかった[85]。ダレスは、一週間後の日米首脳会談までに具体的な在日米軍地上兵力の削減計画を決定するよう、大統領と共にウィルソンに迫る[86]。その結果、国防総省は六月一八日までに、日本本土に駐留する陸軍戦闘部隊および海兵隊の全撤退と、在日米軍全体の五〇％削減を決定したのである（実際には四〇％削減を実施）[87]。

海兵隊の再定義と沖縄移転

一九五七年に入ると、米政府内では、海兵隊の新しい戦略的価値が共有されるようになっていた。同年三月初頭、「海兵隊の即応性に注目して戦闘部隊の機能と兵力を補う」という海軍作戦部の新方針が、海軍作戦部長からホワイトハウスの大統領補佐官たちへ、また同時にJCSからウィルソンへ伝えられた。具体的な新奇性は、海軍と連携して上陸作戦を遂行する海兵航空団の能力を今後重視するという点にあった。ウィルソンは、この考え方が記された覚書も、「実行中」とのメモ書きをつけてグッドパスター大統領補佐官に回覧している[88]。

もっとも、ウィルソンが国防長官として大統領から課された最重要課題は、依然として陸上兵力削減であったため、この時点では、彼にとっては海兵隊も削減対象であった。当時、議会が一九五八・五九年の国防予算を政府計上額の約三分の二しか認めない状況において、国防総省は、今後二年間で全世界の米兵力数を三〇万名、極東では約五万名削減する必要に迫られていたという切迫した事情もあった[89]。そこで、ウィルソンは、一九五七年七月のNSCにて、今後四年間の国防予算は、陸軍と海兵隊を合わせた陸上兵力を削減して、海軍を重視するという考え方にもとづくと説明した[90]。

ところが、同じNSCでの議論において、ダレス国務長官が、ウィルソンに異を唱え、海兵隊の役割を重視する意見を述べる。ダレスは、これから起こる紛争に対応する上で、海軍だけではなく海兵隊の機動性には高い価値があると述べたのである[91]。アイゼンハワー政権の安全保障戦略に占めるダレスの重みを踏まえると、彼の意見は、海兵隊に対する同政権の方針に大きな意味を持ったであろう。そして、JCSは事実、海兵隊の即応性や機動性を踏まえ、西太平洋での海兵隊の新たな戦略的役割を決定することになる。

一九五七年半ばまで、日本政府が、自衛隊基地確保のために、特に米陸軍第一機甲師団および第三海兵師団第三連隊の撤退を求めていたのに対し、JCSは、陸軍の日本撤退は早々に実施する一方、海兵隊は海軍戦力の一部として日本本土に留めるつもりであった。しかし、六月二一日の日米共同声明で、海兵隊も含めた米陸上戦闘兵力の撤退が合意されると、JCSは、第三海兵師団第三連隊の新たな戦略的役割とそれに沿った再配備を検討することになる[92]。

しかも、大統領は、日米間の合意を確実に履行する意志を岸首相に示すべく、早々に米陸上戦闘兵力の日本本土撤退の発表を行うようウィルソンに求めたため、ウィルソンはいったんは七月二五～二六日の公式発表を決断する[93]。ただし、実際の発表は八月七日に延期された。これは、当時の沖縄にて、USCARの圧力で不信任に追い込まれた瀬長亀次郎・那覇市長が、市議会を解散して行った選挙の日程が八月四日となったので、海兵隊移転の発表が選挙に与える影響を恐れた、スナイダー米国駐日大使館書記官の助言による措置であった[94]。

いずれにしても、米軍部は早急な海兵隊移転計画の策定を迫られた。JCSと国防総省が新たに検討していた前述のグアム移転案は、これから予算を組み、基地建設のための軍用地を確保する必要があった。それに対して、沖縄では、一九五七年七月に久志村辺野古、一〇月には金武村において軍用地接収が決定され、両地域とも住民の抵抗を受けずに海兵隊基地を確保できた[95]。

その結果、おそらくは半年で日本本土から撤退するという短いスケジュールに鑑みて、一九五七年八月八日、海軍作戦部長は、第三海兵師団第三連隊全部隊を日本本土から沖縄に移転させる指令を下した。同年三月に第三連隊の一部が沖縄のキャンプ瑞慶覧に来ていたが、いまだ日本本土に残留していた地上部隊も沖縄に移転させ、第三連隊をすべて沖縄に集結させることとなったのである。これは、第三連隊がすでに沖縄に配備されている第九連隊と共に、第七艦隊の水陸両用戦隊の指揮下に組み込むための措置とされた[96]。さらに、ウィルソンは同年八月一四日、日本本土に駐留する海兵第一航空団の沖縄移転をあらためて承認する。同部隊の再配備の理由は、インドシナ上陸作戦において海兵第一航空団に第七艦隊と連携する役割を負わせることだとされる[97]。

同時に、JSPCが策定し、JCSが八月二一日に正式決定した、第三海兵師団・第一海兵航空団の沖縄集結の戦略的目的は、「南ベトナムへのベトミンの侵略に対する反撃と、ラオスにおいて共産主義勢力を鎮圧しようとしているラオス国軍に対する支援」となった。インドシナ情勢に対応し、「西太平洋における全面戦争の際、局地攻撃に反撃し、かつ主導的役割を果たせる戦略的位置から、作戦を即時に実施できるよう、即応部隊を前方展開」させることが、米国の新たなアジア戦略となったのである(98)。

ただし、一九五七年八月の第一海兵航空団の沖縄移転決定後も、海軍作戦本部が、普天間飛行場ではなく同じく空軍管理下の嘉手納基地もしくは那覇空港を、第一海兵航空団に使わせるよう要求したため、空軍が難色を示し、軍部内で再検討が繰り返されることになる。第一海兵航空団の再配備が難航した背景には、同時期、それまで空軍が保有していた厚木・岩国両基地の管轄が海軍に移り、板付・木更津・三沢・横田基地、そして普天間・那覇も海軍が共同利用するようになったのに対し、空軍が反発していたという事情もあった(99)。

空軍は、第一海兵航空団の韓国もしくは普天間への配備を主張した。しかし海軍作戦本部は、韓国は紛争地域への即時出撃地としても、第三海兵隊との共同訓練の面でも、コスト面でも不適当だと反論し、嘉手納・那覇とフィリピンのクラーク基地への分散配備を提案した(100)。海軍作戦本部は、分散配備先として神奈川県の厚木基地も候補に挙げていたが、最終的には沖縄でも北谷のハンビー飛行場と、山口県の岩国基地への、第一海兵航空団の分散移転が確定する。同部隊が普天間飛行場に移るのは、同飛行場が空軍から海兵隊に移管された一九六〇年である(101)。

4　在日・在沖米軍基地の役割の変化

極東軍司令部は一九五七年六月、米陸上戦闘兵力の日本本土撤退の決定と前後して、JCSに対し、在日米軍基地の中でも空軍飛行場を順次返還するための具体的計画を提出していた[102]。これは、大型爆撃機の導入に必要な滑走路の延長が、反基地闘争によって実現困難な以上、日本本土の空軍飛行場を削減するのはやむをえないという判断にもとづく措置であった。また、同計画には、第一次台湾海峡危機後、日本駐留の第五空軍が対ソ核攻撃だけではなく、中国空軍に対抗して朝鮮・台湾有事に備えた戦術核による対空防衛態勢をも課されたことから、日本防空任務を航空自衛隊に移管し極東有事に専念するという目的もあった[103]。

同計画に添付された行程表には、木更津・新潟・伊丹・小牧飛行場を中心に、日本本土一七カ所の空軍飛行場を段階的に一部または全面的に返還する期限が明記された。具体的な協議は（この直後の日米首脳会談で設置が合意される）日米安全保障委員会でなされること、決定は行政協定によって担保されることも計画に盛り込まれていた[104]。

岸訪米時の日米共同声明にもとづいて、一九五八年末までには米陸軍施設のうち八二カ所が日本政府に返還され、米陸軍は補給部隊を残して戦闘部隊はすべて撤退した。第三海兵師団もすべて日本本土を離れ、沖縄に集結した。そして、漸進的な空軍飛行場の返還に伴い、一九五七年の時点で

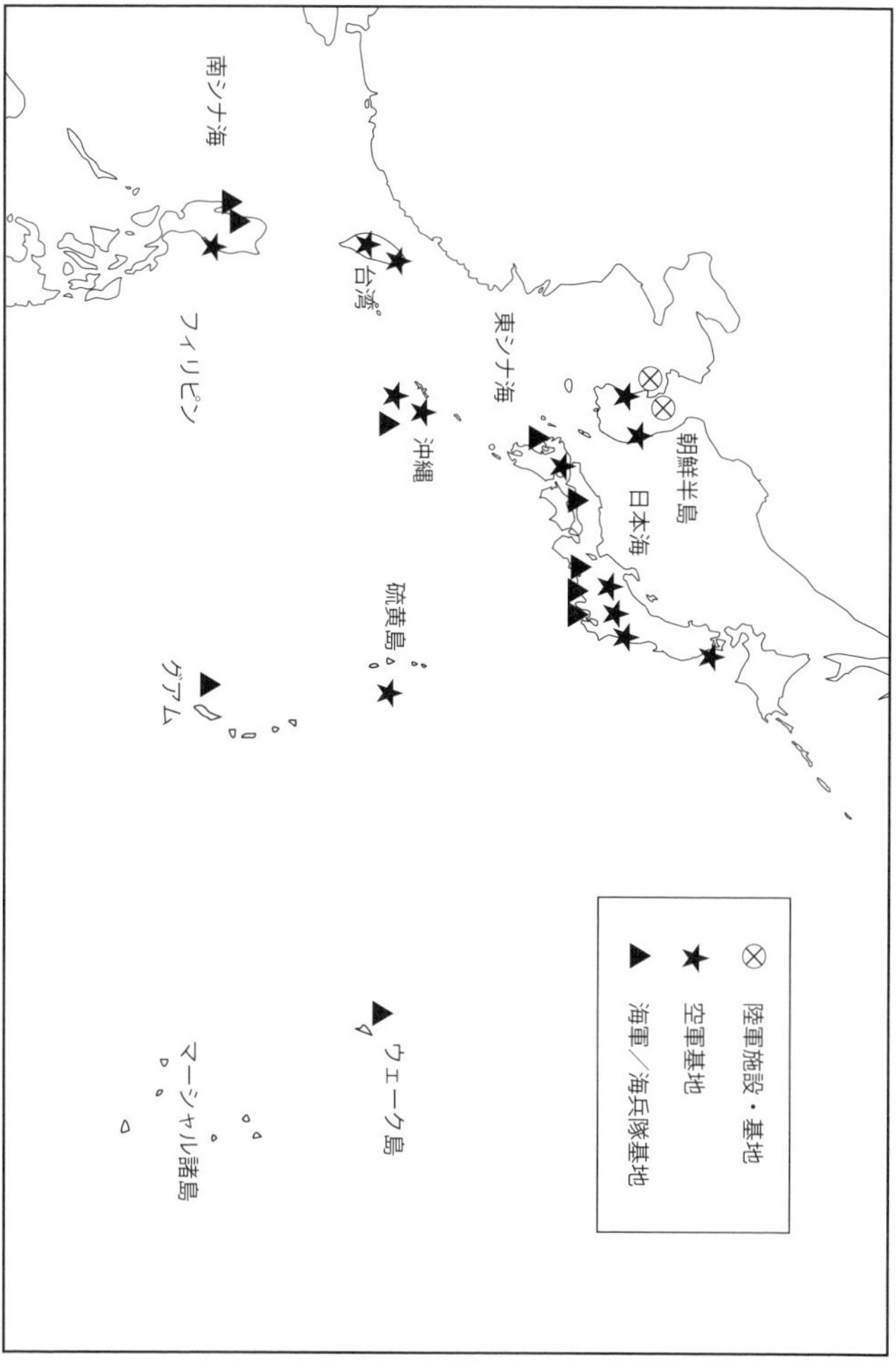

出典：Review of United States Overseas Military Bases, April 1960 をもとに筆者作成。

図 1-2　極東米軍基地群一覧

日本本土に四万七三六三人駐留していた空軍兵力も、一九六〇年までに二万七四三三人にまで削減された。[105]

一九五〇年代を通じて行われた極東米軍再編では、最終的に五万一〇〇〇の兵力が削減されたが、削減されたのは主に日本・韓国に駐留する陸上兵力であり、核攻撃を担う空・海軍は引き続き重視された。[106] 図1-2は、極東米軍再編完了後の極東米軍基地のおおよその位置を示したものである。

一九六〇年の時点で、海軍および海兵隊は極東地域に四空母航空団、一五航空中隊（海兵航空団含む）、三分の二海兵師団を展開させ、艦船約一四三隻（主に攻撃用空母や掃海艇）を保有していたが、その約三割が日本本土、約六割が沖縄を拠点とするようになった。また、米空軍は極東地域に四一戦術・戦術支援航空中隊を配備していたが、その約五五％が日本本土、約二割が沖縄を拠点とするようになった。米軍再編をへて、極東空海軍の約八割が日本本土と沖縄に集中するようになったのである。

そして、より重要なのは、兵力分布である。表1-1に示すのは、極東米軍再編を通じた日本本土・沖縄の米軍各軍の兵力数の推移の一覧表である。

日本本土・沖縄の総兵力数が最も多い一九五四年には、全体の約八八％が日本本土に集中していたのが、六〇年には、沖縄に日本本土・沖縄の米軍兵力の約四四％が駐留するようになっている（沖縄の駐留米軍兵力数が日本本土のそれを上回るのは、トンキン湾事件を契機に米国がベトナム戦争に本格的に介入する一九六四年である）。

表 1-1　アイゼンハワー政権期の日本本土・沖縄の米軍兵力数変遷

年度	①日本本土の米軍兵力数				
	陸軍	海軍	海兵隊	空軍	合計
1953	108,461	14,145	2,926	60,297	185,829
1954	63,831	43,385	25,873	52,616	185,705
1955	53,104	42,358	13,918	52,695	162,075
1956	31,736	45,691	13,845	50,100	141,372
1957	21,563	40,015	12,678	47,363	121,619
1958	9,576	19,091	5,496	34,508	68,671
1959	5,321	7,907	6,367	32,857	52,452
1960	5,528	7,873	5,461	27,433	46,295

年度	②沖縄の米軍兵力数					①＋②
	陸軍	海軍	海兵隊	空軍	合計	総計
1953	12,223	582	―	10,520	23,325	209,154
1954	11,701	786	―	12,043	24,530	210,235
1955	9,808	903	6,223	10,844	27,778	189,853
1956	5,397	2,835	9,938	8,987	27,157	168,529
1957	5,181	2,533	11,237	10,285	29,236	150,855
1958	5,553	9,218	14,124	10,049	38,944	107,615
1959	4,890	3,308	14,873	9,843	32,914	85,366
1960	8,995	2,932	15,250	9,965	37,142	83,437

出典：Active Duty Military Personnel Strength（http://www.defense.gov/faq/pis/mil_strength.html（Accessed on March 6, 2013））.

この表では、一九六〇年の時点での日本本土と沖縄における米軍基地の負担は変わらないように見えるが、実際にはそうではない。同時期に極東地域に駐留していた海軍兵力（海兵隊含む）総勢約五万六〇〇〇人のうち、現地住民との間に摩擦を引き起こしやすい戦闘兵力は約三万人であり、残りは一〇〇〇〇人の米国文民と二万五〇〇〇人の外国人従業員であった。そして、極東の海軍戦闘兵力の出撃拠点となる一七の基地のうち、五基地が日本本土に、九基地が沖縄におかれるようになった（その他、フィリピンに二基地、グアムに一基地）。つまり、一九六〇年には、極東の海軍戦闘兵力の約三割が日本本土に駐留していたのに対して、沖縄には海兵隊を含めた海軍戦闘兵力の約半数が駐留するようになっていたのである。[107]

さらに、一九五七年の時点で沖縄に一万二八五人駐留していた空軍兵力は、一九六四年までに一万二一一八人へと増加した。[108] これは、一九五八年に第二次台湾海峡危機が勃発すると、第五空軍が、沖縄から台湾海峡に即時出撃できる態勢を整え、第七艦隊と連携して中国軍への攻撃を行う任務を課されるようになったためである。ただし、核兵器による攻撃は検討されたが採用されなかった。[109]

こうした再配備の結果、在沖米軍基地は、インドシナ・台湾有事の際の空軍および海兵隊の出撃拠点となった。米国政府は当時、フィリピンにスービック空軍基地、クラーク海軍基地も有していたが、フィリピンは現地の政治経済上の脆弱性からきわめて問題があると考え、グアムや沖縄への基地重点化を図った。そうした事情もあって、この時期、沖縄の米軍基地は強化された。[110] もっとも、在沖米軍基地だけでは、修理能力、核弾頭を除いて膨大な貯蔵能力を持つ在日米軍基地と代替することはできないとされ、在日・在沖米軍基地の機能は一体のものとして見なされていた。[111]

他方で、在日米軍基地は極東米軍再編後、空・海軍の兵站・補給基地として重視されるようになり、特に、太平洋軍司令部のおかれたハワイを中心に西太平洋一帯を巡回する第七艦隊にとって、最も重要な燃料補給拠点となった。[112] 極東軍の全兵力の三分の一を占める在日米軍の三万三〇〇〇の兵站支援部隊は、日本、沖縄、韓国に駐留する米軍のみならず、自衛隊と韓国軍を支援するのに不可欠だとされた。[113] また、在日米軍基地の具体的な役割は、主に、日本各地から調達した弾薬の予備など戦闘上重要な補給物資を貯蔵し、韓国陸軍および在韓米軍、台湾陸軍、ベトナム陸軍に対して供給することとされた[114]。

一九五〇年代に在日米軍基地の位置づけが変化したことは、後に、日本政府によっても認められている。一九七〇年の日米安全保障条約更新に備え、六八年に外務省が作成した「日米安保体制をめぐる論争点」という文書には、以下のように記されている。

在日米軍基地は、朝鮮戦争時及び休戦成立後も動乱再発に備えて在日基地は作戦基地又は作戦予備基地としての重要な機能を果たしていた。その後、一九五六年中頃国連軍として駐留していた英連邦軍も在日施設の全部を返還して帰国し、又、翌五七年六月にはワシントンで発表された岸・アイゼンハワー共同声明により、在日米軍の漸次削減が表明されるに至つて、在日基地はその作戦予備基地としての性格を薄め、次第に後方支援基地的性格を明確にして行つた。今日における在日米軍基地は米国の Forward Strategy を基調とする後方支援基地の性格を有し続けているものとみられ、ヴィエトナム戦争に関連してその重要な機能を実証しているものと考えられる[115]。

このように、朝鮮戦争終結後、極東米軍再編をへて、一九五七年の陸上戦闘兵力撤退の決定が最大の転機となって、在日米軍基地の戦略的役割は変化を遂げたのである。

小括

本章では、アイゼンハワー政権が、陸上兵力削減を主眼とする極東米軍再編の過程で、朝鮮半島から台湾海峡やインドシナ半島へと主戦場が転じたアジア冷戦への対応、日本本土・沖縄での反基地闘争の高揚といった課題に直面したことを論じた。極東米軍再編、アジア冷戦の変化、そして日本全体での反基地感情の盛り上がりが同時並行的に展開されたため、米軍再編計画は度重なる修正を要求されることになった。海兵隊の日本本土から沖縄への移転は、米国政府が複数の政策課題を同時に解決しようと、調整を繰り返した結果であった。

国防総省が、日本本土の海兵隊の沖縄移転を検討するようになった契機は、第一次台湾海峡危機の勃発であった。国防総省は、「島嶼地帯」防衛の拠点として沖縄を重視したのである。ウィルソン国防長官は同危機の間、海兵隊が沖縄から台湾へただちに出動できるよう、一貫して海兵隊の沖縄移転の実施を求めた。海兵隊も、自らの存在意義を自国・同盟国の陸軍兵力を補完できる機動性に求め、沖縄移転に積極的であった。しかし、極東軍司令部が、沖縄に海兵隊基地の建設場所がないとして反対したため、海兵隊の沖縄移転はすぐには実現しなかった。極東軍司令部が、国防総省案に同意するに至るのは、日本政府が海兵隊基地を自衛隊に明け渡すよう要求してくることが、予想されるようになったためである。

だが、第一次台湾海峡危機収束後、ラドフォードJCS議長とウィルソンは逆に沖縄現地情勢に配慮するようになり、海兵隊のグアム移転案を検討する。この際、海兵隊の出動先として新たに想定されたのは東南アジアであり、海兵隊の任務は変化していた。また、米国政府内での海兵隊をめぐる認識も、上陸作戦も行う陸上兵力という曖昧な位置づけから、海軍と共に機動性を有し、地域紛争に対応できる即応部隊という位置づけへと変わっていくことで、陸軍とは逆に戦略上も予算上も重視されていくことになる。

そして、大統領とダレス国務長官の主導で、ジラード事件への対応として日本本土から陸軍戦闘兵力・海兵隊を早急に撤退させる必要が生じると、インドシナ有事に備えて第三海兵師団・第一海兵航空団を沖縄に集結させ、第七艦隊の下で即応態勢をとるという、JCSの新たな戦略が採用されたのである。

ここから、極東米軍再編が、朝鮮半島・日本の陸上兵力削減だけではなく、アジア冷戦の主戦場が朝鮮半島から台湾海峡・インドシナに移っていく過程で、即応部隊を潜在的な紛争地域に再配備する措置としても、大きな意味を持っていたことがわかる。そして、このような極東米軍再編の中で、水陸両用部隊を有する海兵隊が、朝鮮半島に近接した日本本土から、太平洋沿岸の「島嶼地帯」へ前方展開できる沖縄に移転していったことは、アジア冷戦の変化と密接な関わりを持っていたということができる。同時に、在日米軍縮小に伴って米空・海軍の重要拠点が変化し、在日米軍基地は両軍の兵站・補給拠点に、在沖米軍基地は、インドシナ・台湾有事の際の出撃拠点となっていったことも、アジア冷戦の変化への対応と見ることができる。一九五〇年代を通じて、在日米軍基地は、アジア有事の出撃拠点としての役割を低下させていった。これに対し、在沖米軍基地は、この時期、海兵隊のみならず、核兵器が配備されたり空軍部隊が強化されたりするなど、台湾海峡からインドシナといった新たなアジア冷戦の主戦場をにらむ出撃基地として、強化されていったのだった。

だが、同時に強調すべきは、極東米軍再編が、ニュールック戦略や、中ソをはじめとする共産主義の脅威という要素のみによって、決定されたわけではないという点である。確かに、海兵隊の沖縄移転の検討は、第一次台湾海峡危機への対応の一環として始まったが、沖縄現地の基地の過密状態や島ぐるみ闘争を考慮して、軍部内で計画の再検討が繰り返された。また、最終的に海兵隊の日本本土から沖縄への集結が実現した要因は、ジラード事件への対応という対日政治配慮であった。米軍基地を受け入れる国・地域との関係性が、極東米軍再編計画の内容を決定づけたのである。

第2章

米国の海外基地政策の展開

はじめに

本章の目的は、アイゼンハワー政権による海外基地政策の一環として、米国政府内で安保改定が検討されるようになる過程を、明らかにすることにある。

前章では、日本本土における強い反基地感情に考慮したアイゼンハワー政権が、極東米軍再編の過程で、陸軍戦闘部隊および海兵隊を日本本土から撤退させ、さらに在日空軍基地・兵力も削減したことを論じた。しかし、日本国内にはその後も、旧安保に対する根強い不満が米軍基地およびその運用に関連して残り続けた。そのため岸信介内閣は、旧安保が日本にとって不平等な内容であり米国への従属を強いるものであるとして、在日米軍削減についで旧安保の見直しを求めていく。

実は、米軍基地をめぐるこうした相克は日米関係特有のものではなく、基地を受け入れた同盟国と米国との間で常に生じていた。したがって、アイゼンハワー政権は、発足当初から、NATO諸国やアジアの同盟国との間で、米軍基地・兵力の削減をへて最終的には基地協定の再検討にも取り組まざるをえなかった。

アイゼンハワー政権は、米軍再編同様、各同盟国との基地協定の改定も個別に進めるのではなく問題を総合的に把握し、政府としての方針を確立した上で同時並行的に解決を図ろうとした。一九五九年八月に西ドイツとの間にドイツ駐留NATO軍地位補足協定を、同年一〇月にフィリピンとの間でボーレン・セラノ協定を、そして一九六〇年一月には日本との間に新日米安全保障条約を調印したことは、海外基地政策の見直しが包括的に進められたことを示している。

そして、大統領がナッシュ元国防次官補に世界中の米軍基地の調査と研究を命じた、いわゆるナッシュ・レポートこそは、体系的・包括的な海外基地政策の再検討の試みであった。本章では、海外基地問題に対する米国政府内の体系的な動きを検証する中で、ナッシュの調査開始を契機に、軍部と国務省がそれぞれの問題意識から安保改定の研究に入る過程を解明する。

また本章では、これまで先行研究で考察されたことのなかった、オーストラリア政府の安保改定に対する見解についても分析を試みる。同国は一九五〇年代半ばから、日本政府の旧安保見直しの動きに強い関心を持ち、日本と米国の大使館にしきりと情報収集を行わせていた。その背景には、イギリスのアジア離れがあった。オーストラリアの外交関係者は、日本国内の反基地・反核運動が日米関係に強い影響を与えていることを憂慮し、その解決策として安保改定を支持していくようになる。旧安保交渉時には、オーストラリアは条約締結に反対したが、安保改定には逆の姿勢を示す。それによって、米国は、旧安保成立交渉時とは異なり、オーストラリアの反対を気にせず、安保改定交渉に集中することができたのである。

1　アイゼンハワー政権における基地協定の再検討

アイゼンハワー政権において、海外基地問題はおおむね次の三点の問題として認識されていた。第一に、イギリスや日本のように、米軍基地の運用の自由度が高い同盟国との間に起こる問題だが、特に日本との間では、米軍の自由使用は敗戦後の占領統治の実質的継続と見なされて争点となった。アイゼンハワー政権はまず、米軍基地・兵力の削減でもってこれに対処しようとした。第二に、海外米軍基地への核持ち込みおよび有事の米軍の核使用の問題であり、イギリスやカナダ、日本は、核戦争への巻き込まれを恐れて事前協議制度を求めたが、米国政府は、事前協議を米軍の核使用の条件とすることを認めなかった。第三に、米兵犯罪をめぐる刑事裁判権の問題であり、基地受け入れ国が米兵犯罪を審理できない実態に対する各国世論の批判が、同盟国政府を基地協定改定に向かわせる圧力となりやすかった。以下、各論点をめぐってアイゼンハワー政権が直面していた状況と米国側の対応を説明する。

米軍基地の運用

アイゼンハワーは大統領就任当初から、海外の米軍基地が引き起こす問題に強い関心を有していた。任期初年の一九五三年六月、彼は、海外の米空軍基地協定の実態と問題点を把握しようと国防総省に報告を命じている。これは、航空機のジェット化と大型化を進める上で、同盟国との間に起こりうる問題を知るためであった。当時、米国が同盟国と締結していた空軍基地協定は、三つのタイプに大別された。イギリスのように米軍の自由使用を許しているもの、その他のNATO諸国のように、受け入れ国が戦争に巻き込まれることを恐れ、敵の脅威が明確な場合にのみ協議をへて米軍に施設使用を許すもの、それ以外の取り決め（公開史料の該当部分が墨塗りのため不明）である。[1]

日本の場合、日米行政協定にもとづき、米軍の日本配備は米国の無期限の権利として認められており、しかも日本側が、米軍基地のために土地を接収するなどして基地を提供する義務を有していた。したがって、アイゼンハワー政権からすれば、基地協定上は在日米空軍基地への大型ジェット機配備とそのための滑走路拡張に必要な土地の接収には何の問題もなかった。だが、第1章でも述べたように、米国政府から、立川・横田・木更津・新潟・小牧の米軍飛行場周辺の土地接収を要請された日本政府は、住民が補償に応じた横田を除いて、地元住民・自治体の反対のために計画を実施できなかった。日米行政協定を日本国民が支持していない以上、現実には運用が困難であることが明らかになったのである。

日本国内のこうした動きは、旧安保では米国の長期的な基地保有権が担保されないという問題を、米国政府に意識させることになる。そこで、一九五五年四月七日、新たな対日政策であるNSC5516／1が採択された際、その原案には、旧安保に代わる相互防衛条約を結ぶ過程で米軍の駐留権の明確化を盛り込むことを目指し、将来的に交渉に入る意思を米国から日本に示すという行動指針が盛り込まれた。しかし、NSCの場でダレスが、米国側からの提案という形をとれば、日本は米韓・米比相互防衛条約を参照するだろうから、米国は逆に「兵力と基地を日本とその周辺に維持する権利」を捨てる結果になるとして反対したため、同指針の段落は文書から削除された[2]。

とはいえ、日本本土に米軍基地を長期的に確保する権利は、引き続き米国政府にとって課題とされた。一九五六年四月四日の極東軍・米国駐日大使館間の協議委員会では、極東軍側が日本政府との相互防衛条約の交渉を通じて基地権の確保を主張し、大使館側も軍部の見解に同意している[3]。

OCBが同年六月末にまとめたNSC5516／1の進捗報告にも、日本政府が相互防衛条約実現のために努力するようになれば、米国にとって新たに相互防衛条約を締結することは利益になると書かれた。ただし、OCB報告は同時に、日本が防衛力増強に消極的な場合、米国は現行条約の修正を迫られ、難しい決断に直面すると指摘している。米国としては、日本国内の巨大な兵站施設と空軍基地を維持し続ける必要があり、「日本側の目的と米国側の基地の長期的目的とを調整するには」、日本の兵站面での防衛努力と同時に、米国側が対日要求を引き下げねばならないというのがOCBの見解であった。なお、このとき、対日要求の内容の再検討は国防総省に委ねられていた[4]。

米軍基地への核持ち込み

米軍基地の存在ゆえに、同盟国が米ソの核戦争に巻き込まれる可能性は否定できない。それだけに米国と同盟国、とりわけ日本との間で核の持ち込みをめぐる対立は深刻であった。

立川飛行場の拡張に反対する砂川闘争は、実は、反核の論理を掲げて展開された初の反基地運動であった。一九五四年三月、ビキニ環礁における米国の水爆実験の際、付近を走行していた第五福竜丸の乗組員が被爆した事件は、日本社会に反核感情を定着させる契機となった。そして、立川闘争の主体を担った住民も、ビキニ被爆事件の影響を受け、運動を積極的に反核運動の一環と位置づけたのである[5]。

一九五五年五月、立川飛行場拡張の通告を受けて開始した砂川闘争は、社会党、共産党、労働組合、学生団体の支援を受けて大規模な運動となり、政府の強制測量に対する激しい抵抗が展開された。とりわけ、一九五六年一〇月の測量実施の際には、警官二〇〇〇人とデモ隊六〇〇〇人が衝突し、双方合わせて一〇〇〇人の負傷者が出る事態となる。流血の事態となったことへの新聞等の厳しい批判を受け、鳩山一郎政権は翌日、測量打ち切りを発表した[6]。

砂川闘争は当時、第三国の目にはどのように映っていたのだろうか。オーストラリア駐日大使館は一九五六年一二月、他の在日米軍基地と比べて立川飛行場の軍事的重要性が高くないにもかかわらず、砂川闘争で日本政府が測量中止に追い込まれた理由を分析し、次の二点を挙げている。第一に、基地周辺住民は反米感情というよりもむしろ、戦前に軍部から受けた苦痛に由来する政府協力への拒絶感情によって、基地拡張のための土地接収に立ち向かった。しかし、鳩山内閣は、米軍基地が将来返還されて日本が使えるようになれば国益になる、という論理で住民を説得しようとして失敗したとする。第二に、社会党・総評と共産党は、基地拡張で核を搭載した爆撃機が日本本土に常駐するようになれば、日本は核戦争に巻き込まれるという論陣を張ったため、首都近郊の立川基地の砂川闘争は、広範な支持を得たというのであった[7]。

反基地運動が反核の論理を内包するようになったことで、鳩山内閣以降の日本政府は、在日米軍基地の拡張を進めることが難しくなったばかりか、基地への核持ち込みに反対の立場をとらざるをえなくなった。ビキニ被爆後、保守勢力も参加した超党派の反核運動が展開されたため、自民党も、反核世論に配慮しなければならなかったのである[8]。

しかも、一九五七年に入ると、日本政府は核問題で一層苦しい立場に立たされていく。一月一七日、新聞各紙がワシントン発UP電の情報として、国防総省は陸軍第一機甲師団の日本本土撤退後、原子力機動部隊（Atomic Task Force）の日本本土配備を検討していると報道したからである。国務省・国防総省は二日後のプレス発表でこれを否定したが、一月二三日には再びワシントン発UP電が、当時首相であった石橋湛山の訪米時に、日米両政府は同部隊の配備について話し合う予定だと報じる。外務省は、火消しのために事実関係を米国駐日大使館に問い合わせたが、米国政府は、プレス発表以上の言質を与えなかった[9]。

二月七日には、米国防総省が日本政府の要請に応じてミサイル供与を行う、というワシントン発外電の報道がなされ、日本政府は国会審議上さらなる窮地に追い込まれた。岸外相は、米国大使館と極東軍司令部に対し、きわめてタイミングの悪いこの報道によって国会運営は深刻な事態になるだろうと述べ、今後はいかなる発表でも国務省が事前に日本と協議することを要請した[10]。事実、米国政府の働きかけで国会提出予定であった秘密保護法案に対し、野党がミサイル供与報道と結びつけて批判を展開したため、日本政府は同法案の国会提出を断念せざるをえなくなる。

岸外相は事態を収拾すべく、二月一一日の衆議院外務委員会で野党の質問に対し、国内に米国の核兵器は存在しないし、日米間には、日本の承諾なしに核を持ち込まないという「重光＝アリソン合意」もあり、また日本政府も核配備には反対すると説明して、報道の事実関係を否定した。しかし、一九五五年に結ばれたとされる同合意は実際には重光の虚言であり、当時の米国大使館の配慮により、米国側は口頭での抗議に留め公の場では沈黙を守っていたものの、アイゼンハワー政権の政策に反していた[11]。

このように、核持ち込みをめぐる問題で危うい立場にあった日本政府は、ビキニ被爆以後の強い反核世論に配慮して、米国との間に核持ち込みに関する取り決めを必要とするようになっていくのである。

核戦争への巻き込まれに対する西側同盟国の懸念は、米国の基地受け入れに最も協力的な同盟国であるイギリスでさえ、有事の核使用はイギリスとの事前協議を条件とするよう米国に対して要求するという形で現れた。アイゼンハワー政権は、自国の核使用へのＮＡＴＯ諸国の事前同意を得る努力をする方針をとったが、それを絶対的条件とすることは拒んだ[12]。

基地協定と刑事裁判権

アイゼンハワー政権が同盟国との基地協定の見直しに着手したきっかけは、一九五三年に発効したNATO地位協定の刑事裁判権の規定が、同盟国に不利な内容だという批判が高まったことにあった。国務省は一九五五年七月一九日、米兵犯罪をめぐる刑事裁判権に対するNATO諸国の不満が抑えがたいものになっているとして、NATO地位協定の改定の検討を軍部に要請した。マーフィー（Robert D. Murphy）国務次官代理は、次のような言葉で、米国政府にとっての海外基地問題のジレンマを端的に表現している。すなわち、米軍は同盟国内では好ましい存在ではない。しかし、米軍が同盟国を手助けするためだけにそこにいるかのように振る舞うことはばかげているが、米国人が法を超越した存在でいられないのなら引き揚げる、と言うこともできない。米国は海外基地の撤去を望んでいないからである。[13]

ちなみに、NATO地位協定では、犯罪が基地の内外のどちらで起きたかに関係なく、加害者が派遣国（米国）の軍人・軍属で、①派遣国とその財産に対する犯罪または、②被害者が派遣国軍人・軍属の場合、あるいは③軍務遂行中に行われた犯罪については、派遣国に第一次裁判権を認め、他の場合は受け入れ国に第一次裁判権を認めていた。問題は、一つには、米軍が軍務遂行中だと主張すれば受け入れ国は大抵それを認めざるをえず、もう一つには、両国が互いの要請に「好意的配慮（sympathetic consideration）」を示せば、権利を放棄して相手国に裁判権を譲ることも可能だとされていた点であった。米軍は、ほぼすべての米兵犯罪において、受け入れ国に裁判権放棄の圧力をかけたため、現実には米国で裁判が行われることが多かった。たとえば、一九五八年の受け入れ国の第一次裁判権放棄率は、フランスで八八%、イタリアで六八%であった。オランダやギリシア、西ドイツのように、個別協定であらかじめ第一次裁判権を一括放棄するよう取り決めている場合もあった[14]。

自国が受け入れている米軍基地に関する取り決めに不満を抱いていたのは、NATO諸国だけではなかった。NATO諸国よりも不利な基地協定を米国と結んでいた極東・東南アジアの同盟国の不満は、より一層強いものであった。

日本でも、一九五七年一月末に米兵が日本人女性を射殺したジラード事件が起こると、二月二五日に発足した岸政権は、「手遅れにならないうちに」、「社会党が反対できないような」旧安保見直しを考えるようになる[15]。ただし、日本政府の場合、米兵犯罪に対する改善策の検討は、刑事裁判権の見直しよりもむしろ米軍そのものの撤退の要求につながった。また、アイゼンハワー政権も、第1章で論じたように、陸上戦闘兵力の日本本土撤退によってジラード事件後の対日関係改善を図った。

フィリピン政府も同時期、一九四七年に米比間で締結した基地協定では多くの米兵犯罪をフィリピン側が訴追できず、米軍基地の自由使用が認められ、また協定期限が九九カ年に設定されていることなどを問題視し、基地協定の改定を米国政府に要求していた。当時、フィリピン世論が特に批判していたのは、米兵犯罪に関わる刑事裁判権に関し、フィリピンが著しく不利な地位におかれていた状況であり、NATO地位協定の成立は、マグサイサイ（Ramón Magsaysay）政権与党のナショナリスタ党の有力政治家たちを強く刺激した。そこで、一九五六年七月、米比両政府は基地協定改定交渉の開始に合意し、五九年には相互防衛会議の創設、不要な基地の返還、土地所有権の問題の解決、協定期限の二五年間への短縮等が実現した。しかし、フィリピン政府は、さらなる基地協定改定を求め、一九六五年にNATO地位協定・日米地位協定並みの刑事裁判権の改善を達成することになる。[16]

海外米軍基地の見直し

同盟諸国の間に幅広く、米国との間の基地協定に対する不満が共有されている状況を鑑みて、遅くとも一九五六年五月までには、国防総省と国務省との間で、世界中の米軍基地が同盟国との間にもたらす摩擦や対立を解決するための検討作業が開始された。[17]

同年六月には、ダレス国務長官がウィルソン国防長官に対し、アイゼンハワー以上に海外米軍基地の運用や施設の問題に精通し、適切な判断を下せる人物はおらず、大統領を交えて共に協議する場を設けるべきだと提案している。ダレスは、同盟国の間で、ソ連の平和攻勢を受けて脅威が低下したという認識や、米軍基地がソ連の核攻撃の目標になることへの恐怖、米軍基地を国家主権の侵害と見なすナショナリズムの増大等が見られると指摘した。そして、同盟国の敵対化・中立化を阻止し、海外基地を維持するには、海外基地・権利に関する協定や手続きの修正を検討すべきだとの問題提起を行ったのである。[18]

しかし、両省の話し合いには進捗が見られず[19]、ダレスは八月、大統領とウィルソンに対し、ナッシュ元国防次官補に海外米軍基地の問題を調査させ、「米国の基地保有権がより自立的・耐久的になり、基地撤退の回避につながる」解決策を検討させるよう提案する。ダレスは両人の賛意を得て、ナッシュの承諾も取りつけたが、国防総省がナッシュの調査に干渉するのではないかと疑っており、ウィルソンの否定にもかかわらずチェック体制をとる必要性を感じていた。[20] そこでナッシュは、国務省と国防総省からそれぞれ支援スタッフを派遣され、両省庁と協力しながら各国の在外公館、各地域を管轄する軍司令部を訪問することになった。[21]

アイゼンハワーは一〇月、ナッシュに対して、全世界の海外基地の見直し作業を正式に依頼した。大統領も、「侵略の危険は減少したという一般的印象や、外国に駐留する多数の部隊が当然引き起こす軋轢、今日の激しいナショナリズムが結びついて、死活的に重要な米軍基地・施設に対し、非共産主義者までも含む現地の反発を招いている」状況を危惧していた。[22]

2 日米両政府による安保改定検討

米国政府内の安保改定検討

国防総省がナッシュの報告内容に干渉するのではないかというダレスの懸念は、必ずしも杞憂ではなかった。大統領のナッシュへの指示に触発されて、軍部は日米安保改定の検討に入っていた。一九五六年末、レムニッツァー（Lyman Lemnitzer）極東軍司令官は、「旧安保および行政協定に代わる取り決めのために、近い将来、日本人と交渉に入る必要性が生じるかもしれない」として、「日本への長期的要求を準備する」よう部下に命じる。レムニッツァーは、ナッシュ・レポートが在日米軍基地の運用に変化を及ぼす可能性を危惧し、軍部の意見をナッシュ・レポートに反映させようとしたのである。それを受け、国防総省も、極東軍司令部に対して対日要求の原則に関する問い合わせを行った。(23)

極東軍は当時、高い修理能力と貯蔵能力を有する在日米軍基地の兵站支援機能が、日本、沖縄、韓国に駐留する米軍だけではなく、自衛隊・韓国軍支援のためにも不可欠であり、在沖米軍基地では代替不可能だと考えていた。(24)特に、佐世保、横須賀といった在日海軍基地が使用できない場合、極東で第七艦隊を維持するには、現状の約二・五倍の艦艇が必要となると試算していた。(25)したがって、極東軍は、在日米軍基地の現状の運用に変更が生じるような安保改定をナッシュが提言することのないよう、先手を打とうとしたといえる。

極東軍がナッシュの調査に敏感に反応した背景として、軍部の中で将来的な安保改定は不可避だという認識が生まれつつあったことが挙げられる。ＪＣＳは一九五七年五月までに、米国が安保改定の主導権をとることは自国の不利益になるとしながらも、「安保条約・行政協定の改定という文脈以外では長期的な在日基地権を日本から獲得できない」と認識するに至っていた。(26)

国務省極東局は、極東軍のこのような動きを知り、極東軍司令部と国防総省のやりとりを記した電報のコピーを入手して、「彼らが、持てるものをすべて必要だと言おうとしている」ことに危惧を覚えた。極東局は、ナッシュの研究にもしも、在日米軍基地に関するすべての既得権益を温存しようとする極東軍の要求が反映されると、国務省が日本の「政治的現実」を考慮してなしうるすべてのことが無駄になるという恐れを抱く[27]。

国務省極東局は、極東軍の動きを知る数カ月前の一九五六年九月に、米国駐日大使館から対日関係の再検討を求める二つの報告書を受け取っていた。その中でも、スナイダー一等書記官が起案した「日本の防衛」は、対等な同盟関係にもとづく新たな安全保障上の取り決めを提言する内容であった[28]。

同報告書は、主に日本の再軍備の現状および課題について論じたものである。初めに、保守合同によって成立した自民党および左右両派の統一を成し遂げた社会党のどちらも、再軍備について確固とした立場をとらず、曖昧な政策を追求していることが指摘されている。その背景には、国民が軍部の復活を恐れていること、再軍備が憲法九条に抵触すること、再軍備によって軍事予算が経済・社会分野の予算を圧迫すること、そして、「国際情勢の緊張緩和に伴う再軍備への懐疑の念の増大と、核兵器の抑止力への信頼の高まり」があるとされた[29]。

報告書は、日本の国内政治状況に批判的であった。というのも、自民党・社会党は共に、再軍備が米国からの圧力によって進められてきたと主張するばかりで、防衛努力のための政治的論戦を国民に提供していないと映ったからである。だが同時に、自主独立路線を標榜する鳩山内閣が、日米関係の変更を求める態度をとっていることで、再軍備に関する国民の支持を次第に得つつあるとも見ていた。その上で、短期的な問題として、再軍備の障害となる在日米軍に対する圧力の高まりなどを指摘し、日本の防衛力増強と連動して、在日米軍から自衛隊への施設の移管などを実施することで対処できるという見通しを述べている。また、長期的な問題として、米軍基地が日本人に歓迎されていない事実を指摘し、「日米安保が安全の基盤でない」と日本政府が考えるようになる前に、旧安保にとって代わる長期的な安全保障上の取り決めへと日本を誘導せねばならないと提言した。重要なのは、日本をアジアにおける対等なパートナーとして扱うことだというのが、大使館の見解であった[30]。

極東局は、駐日大使館報告書を受けて、一九五六年一二月に「日本における米国の軍事姿勢の再検討」と題した提言書を作成していた。だが、同提言を作成したグリーン（Marshall Green）は、駐日大使館の見解に必ずしも同意しなかった。グリーンは、日本人が在日米軍の存在を占領の継続と見なし、核戦争等に日本を巻き込むものだと考えているため、近い将来に在日米軍の軍事行動や能力を制限する可能性があるとしながらも、在日米軍の削減と自衛隊への基地の移譲等で対処することを提案した。そして、日本側が相互防衛条約を強く求めるのであれば、条約改定交渉に進む前に、日米合同司令部（自衛隊を米軍の指揮下におくことが目的であった）を設置し、安全保障上のパートナーシップや相互利益を確立するのが先だと論じたのである[31]。

ところが、極東軍がナッシュの研究に対し、在日米軍基地に関する軍部の要求を反映させようとしていることが発覚した後、極東局内の安保改定に関する見解は明確な変化を見せる。現時点で、極東軍の安保改定検討の開始が、国務省の安保改定に関する姿勢を変化させた直接的な理由であることを示す史料は、管見の限り見出せないが、時期的にはちょうど符号している。

一九五七年一月七日、ロバートソン（Walter S. Robertson）国務次官補（極東問題担当）がダレスに送った対日政策文書は、日本の指導者たちが、安保条約の改定や在日米軍基地削減を繰り返し主張する状況を鑑み、対日政策の再調整を行うべきだと論じていた。ロバートソンは、喫緊の課題として戦争犯罪人、小笠原・沖縄の返還問題、旧安保、在日米軍基地、日中関係を挙げ、旧安保について、大統領の指示のもと国務省と国防総省が最小限の目的を決め、旧安保とは異なる相互的かつ国益にかなった長期的取り決めを検討すべきだとした。日米間の政治的にも軍事的にも強力な長期的紐帯につながり、また集団的防衛に日本が責任を負う結果となるのであれば、米国は日本に対して譲歩すべきだというのが、ロバートソンの見解であった。[32]

一月一六日にダレス、ロバートソン、マッカーサー次期駐日大使、パーソンズ（J. Graham Parsons）極東局北東アジア部長らが会合を持った際、戦争犯罪人の釈放および小笠原への旧日本人住民の帰還は、すぐさま着手されることになった。沖縄の施政権返還および日米安保の改定については、解決を迫られている問題だという認識が共有されたものの、結論は出なかった。[33]

他方、ロバートソン国務次官補は一月二九日、米国駐日大使館に二月一五日から着任予定のマッカーサーに対し、駐日大使としてナッシュ調査団に何を伝えるべきかを指示した。ロバートソンは、国防総省の下でレムニッツァー極東軍司令官が、極東における現状の配備と将来の再配備、日米の共同作戦行動、想定しうる敵の意図・能力・戦術と新兵器、そしてその運搬能力および戦略的概念、予算上の考慮に関する検討を主導しているだろうと述べた。そして、現在および将来にわたって極東で適切な軍事態勢を維持するために必要だと国防総省が考えているような軍事的要求を、日本に突きつけるのは適切ではないと批判した。ロバートソンは、「重要なのは、日本の政治的、経済的、心理的要因を考慮して、基地を維持できる最小限の要求に留めること」だというのが国務省の立場だとして、それをナッシュに要請するようマッカーサーに指示する[34]。

二月六日にOCBがまとめたNSC5516／1進捗報告では、一九五六年六月の沖縄の島ぐるみ闘争と、一九五五年五月から始まり九月には流血の衝突に至った砂川闘争の継続によって、日本が集団的安全保障に参加するための憲法改正は不可能になったとの見解が提示された。にもかかわらず、日本政府は、相互防衛条約の前提となる防衛力増強が不十分であることは認識しながらも、米国との「より対等な関係」のための調整について真剣に論じていることを、OCB報告は指摘した。そして、同報告は、米国政府の各省が、日米の相互防衛関係の達成に必要な段階について検討する予定であることを明記した[35]。

このように、ナッシュの調査は、一九五七年六月に訪米した岸首相が旧安保見直しを提案するより半年も前に、極東軍や国務省が安保改定の検討に取り組む契機となったのである。より正確にいえば、重光訪米後、再び日本政府内で安保改定の機運が高まるよりも早く、米国政府が安保改定に関する方針を形成する端緒となったといえる。

日本政府の旧安保見直しの動きとダレスの対応

一九五七年一月三〇日にジラード事件が起こると、日本国内の旧安保に対する批判は野党を中心に一気に高まる。岸は二月末に首相に就任すると、五月に予定されていた訪米に向けた準備を外務省に命じるが、その中心的作業は旧安保の見直しであった。外務省も、手遅れにならないうちに、社会党が反対できないような「変化したことがわかる」改定が行われるべきだと考えていた[36]。

そこで、岸は、六月一九日から二一日にかけての米国政府とのワシントン会談において、次の点から旧安保の見直しを要求した。すなわち、在日米軍の配備および基地の使用についての事前協議、安保条約と国連の関係の明確化、そして条約に五年間の期限を設けることの三点である。岸は加えて、米陸上兵力の日本本土からの全面撤退も含めて、可能な限り最大限の米軍を日本本土から撤退させることも要求した[37]。これらの対米要請は、安保条約問題を岸訪米後に日米両国で引き続き検討し、将来的な旧安保見直しに持ち込むためのステップとして、日本政府内で位置づけられていた[38]。

先行研究によれば、この時期のダレスは、「日米の安全保障関係全体を危険にするような包括的な条約改定」を警戒して安保改定は時期尚早との立場であり[39]、極東局も、日本の防衛力への不満や事前協議制度への反発から条約改定に反対であったとされるが[40]、必ずしもそうではなかった。ダレスは、岸との会談に臨む直前に大統領と話し合った際、日本側が日米首脳会談で提示する予定の要求を吟味した後、次のように打ち合わせている。

米国は、〔旧安保が発効した——引用者〕一九五二年から状況が変わったことを認識しており、現行の安全保障上の取り決めを再調整しなければならないことに賛成する。しかし、岸が提案する条約修正案は短期間のものだ。上院が条約修正を承認する必要があるので、それでは深刻な問題が生じることになる。現行の安保条約をいま二、三修正した結果、後にさらなる変更をしなければならなくなるだけで、我々はそれは望んでいない。したがって、米国としては、まず両国の長期的関係がどのようにあるべきかについて論じ、それから、日本に防衛を提供し、様々な戦略的な政治・経済的事項が含まれるような、何らかの形の長期的な相互防衛関係に向けた作業をする可能性を考慮すべきだ。我々は、岸の訪問中に彼と率直にこの可能性について討議したい。さらなる議論は、東京で岸とマッカーサー大使の間で進めればよい(41)。

すなわち、ダレスは、安保改定の必要性は認めていたものの、岸の考える部分的見直しではその後に別の改定要求を生むだけだとして、日本側の不満を解消するだけではなく、長期的な日米関係の維持に寄与するような、抜本的な安保改定を望んでいたのである。

その一方で、大統領とダレスは、岸の訪米時の要請を米国駐日大使館から知らされると、在日陸上戦闘兵力の全面撤退を決定している。

つまり、ダレスは、短期的にはグリーンの提案に沿って、在日米軍の削減と基地の自衛隊への移譲でもって日本側の不満を鎮め、長期的にはロバートソンの提案の通り、旧安保とは異なる相互的かつ国益に沿った長期的取り決めを実現しようとしたのだといえる。

日米首脳会談後、米国側は、旧安保と国連との関係については交換公文で明文化した。一方、在日米軍の配置と使用に関する事前協議は「実行可能なときはいつでも」との条件付きで、条約期限も「そのままの形で永久に存続することを意図せず」という表現で、共同声明に入れることを認めたにすぎなかった。他方、すでに明らかにしたように、米国は、あらかじめ準備していた米陸上戦闘兵力の日本本土撤退について、岸の要請を受け入れ、一九五八年中の撤退を共同声明で発表した。さらに、安保改定に代わる妥協策として、日本側が望んでいた、旧安保をめぐる問題を検討する政府間の委員会、すなわち「安全保障に関する日米委員会」（以下、日米安保委員会）の設置を受け入れた。(42)

こうした措置が、日本側の旧安保見直しの要求に対する暫定的な対応にすぎないことは、米国政府内で明確に認識されていた。ＯＣＢが九月二五日にまとめたＮＳＣ５５１６／１進捗報告は、岸訪米以来、米国が直面している主要問題の一つとして安保改定を挙げている。ＯＣＢは、米国政府としては、安保改定もしくは新条約への移行に関する議論を拒否はせずとも、拙速を避けるために延期すべきだが、これが日本国内の政治問題の焦点となっている以上、日本側は条約修正に向けた主張を強めてくることが予想されるとしていた[43]。西村真彦の研究によれば、外務省は実際に、日米安保委員会を旧安保見直しの再交渉の場とする心づもりであった[44]。

3　オーストラリアから見た日米関係

在日米軍基地の存在が日本国内で引き起こす諸問題に対し、一九五五年には重光、五七年には岸が、在日米軍撤退と旧安保見直しという日米の「対等性」獲得による解決を志向した。このような基地をめぐる日米関係を、かつて旧安保の成立過程に介入したイギリスやオーストラリアは、どう見ていたのだろうか。ここで視点を変えて、イギリスの反応と対比させながら、オーストラリアが当時、鳩山政権期から岸政権期にかけての日米関係を、どのように観察・分析していたのかについて論じたい。

重光構想・岸訪米に対する英豪の反応

一九五四年、イギリス政府は対日政策を見直し、新たな方針を英連邦の一員でアジア太平洋地域に位置するオーストラリアに伝えた。新対日政策は、①日本と中共との同盟形成を阻止すること、②日本を西側陣営に引き留めること、③侵略に対して自国を防衛できる能力を日本が保有するよう促すこと、④日本とスターリングブロック（イギリス・ポンド経済圏）との貿易の促進、の四点からなっていた[45]。

だが、同時期のイギリスはいまだ、日本の軍事大国化に対する強い警戒心を抱いていた。一九五五年八月の重光訪米後、デニング（Sir Elser Dening）駐日英国大使は、重光構想の詳細、中でも重光が日本の海外派兵を話題に出したことについて、米国務省に対して執拗に事実関係を質す。

実際には、日米会談の場で、旧安保の相互防衛条約への改定を提案した重光が、日本に米国を守ることが可能なのかとダレスに問われて、現憲法のもとでも、「日本は海外出兵についても自衛である限り協議することは出来る」と、答えたというのが真相である。ただし、重光の発言はその場でダレスによって一笑に付されている[46]。

しかし、この重光発言の情報を入手したデニングは、国務省が、英連邦諸国に対するブリーフィングの場で重光構想における日本の海外派兵の問題に触れなかったことを、意図的なものではないかと疑い、後日さらなる説明を要求した。これに対して国務省側は、件の重光発言は話の流れで出てきただけで重要なものではなかったので、わざわざ説明する価値がなかったと回答している。だが、デニングはなおも、この問題が西ドイツの再軍備同様、英連邦諸国にとって論争的な問題であることを国務省は十分に認識しているはずであり、「国務省は事実をもみ消そうとしている」と駐日豪州大使に言ったという[47]。

他方、駐米豪州大使館は、重光構想がただちに実現可能だとは見なさず、冷静沈着に米国側の対応を知ろうと努めた。同大使館は、マクラーキン（Robert J. G. McClurkin）国務省極東局北東アジア副部長から、重光構想は一見して鳩山政権ではなく重光個人のアイデアにすぎず、重光訪米に同行した岸、河野一郎との間でも明らかに了解がとれていなかったとの説明を得た。マクラーキンいわく、重光構想に対するダレスの対応には、「米国は党利党略にもとづいた提案は相手にしない」ことを示す意図がこめられていたという。駐米豪州大使館は、こうした情報をもとに、日本は安保改定に夢中だが現状ではまったく見込みがない、と結論づけた覚書を本国に送付している(48)。

イギリスは、日本が核兵器を保有する可能性についても警戒していた。一九五七年六月の日米首脳会談の報告を受けたイギリス外務省は、日本に防衛力増強を要求する米国が今後、日本を核武装させる方向に動くのではないかと推測している。そうすれば、大幅な兵力増強をせずとも防衛力を強化することが可能であり、したがって在日米軍の削減も推進できるからだというのが、その根拠であった。イギリスにとっては、「そのような事態の発展は喜ばしいことでないが、わが国は影響力を行使できる立場にない」。だが、イギリス外務省は、そうなれば日本国内で政治的反発を引き起こすことになること、岸が日本の将来的な核保有の問題についてこれまで極度に慎重に対応してきたことから、日本核武装の実現可能性は低いと判断していたようである(49)。

オーストラリアの対日方針

オーストラリア政府も一九五〇年代半ばから、対日政策の目標を軍国主義化の阻止から西側陣営の一員にすることへと変化させていた。ただし、オーストラリアの対日政策の修正は、イギリスと比較してより柔軟なものであり、日本の軍事大国化に対する警戒よりも日米同盟の緊密化を優先的な課題としていた。その背景には、日本国内における反米感情や中立主義的傾向の高まりに対する、オーストラリアの憂慮が存在した。

第1節で述べた通り、一九五〇年代には日本本土・沖縄各地で、米軍基地のための土地接収に反対する闘争が展開された。オーストラリアは、日本が米国の経済援助や市場に依存しているにもかかわらず、国内で反米感情が強まっている要因として、「米国が日本の独立を完全に回復させていない」ことに対し、大多数の日本人の間に怒りの感情が共有されていると分析していた。いいかえれば、日本人は、米国の経済・軍事援助が、日本の国内政治・外交に影響力を及ぼすために行われていることに反発している、というのがオーストラリアの推察であった。具体的には、米国の利益にしかならない旧安保と在日米軍・基地、防衛力増強の圧力、中共との貿易禁止、対米輸出規制、核実験中止要請に対する拒絶、沖縄・小笠原諸島の未返還などの問題で、日本人は、日本が「米国の植民地」であるかのように感じているという[50]。

また、一九五六年一〇月の日ソ国交回復後、日本国内には日中関係改善、とりわけ日中貿易の復活を望む声が経済界を中心に高まっていた。そこで、鳩山内閣に次いで岸内閣も、一九五七年九月から第四次日中民間貿易協定交渉に入り、翌年三月には調印に漕ぎつける。オーストラリアは、中国側の狙いが日本と西側諸国との分断にあると考え、民間ベースであっても日中貿易の推進に批判的であった[51]。合わせて、日本が日ソ国交回復と引き換えに加盟を果たした国連の場を利用し、中立主義を掲げるアジア・アフリカ会議（以下、ＡＡ会議）に接近したことは、日本の中立化志向に対するオーストラリアの疑いを強めた。ＡＡ会議が反植民地主義を掲げ、英連邦の一員としてアジアの植民地を独立させるイギリスの方針を批判していたことも、オーストラリアの心証を一層悪くした。しかも、オーストラリアは、ジラード事件で高まった反米感情が、日本世論の中立主義的傾向を一層強める可能性があると見ていた[52]。

さらにオーストラリアは、鳩山・岸内閣が、国連の場において核実験停止提案を行ったり、米国に実験中止を求める特使を送ったりするなど、反核外交を展開していることを憂慮している。オーストラリア政府は、岸に関しては、国内の野党勢力とりわけ社会党が反核世論を取り込まないように、率先して核実験反対を表明せざるをえないという事情があることを理解していた[53]。しかし、オーストラリアにとって、冷戦の中で西側陣営諸国が米国の核に依存することは不可避であり、自国の安全保障のためには、米国の核兵器の技術革新を進める核実験は不可欠であったのである。

よってオーストラリア政府は、日本の反核外交とそれを後押しする反核世論について、「実現するに必要な力を持たない日本が十分な決意もなしに行ったもの」であり、日本の政策を「米国の主導する自由世界のそれに合致させる」必要があると考える[54]。これは、米国の対日方針とも完全に一致する考え方であった。

そうした状況において、オーストラリアは一九五七年の日米首脳会談を受けて、同会談で設置が合意された日米安保委員会に注目した。同国は、「旧安保が調印当時の時代状況が反映されたものであり、日本の平和維持に貢献するという目的をよく果たしてはいるものの、日本国内の世論を必ずしも満足させていない」ことを認識するようになっていた。よって、「現在の日本の国内外の状況と一致するように」、安保改定を行うべきだと考えるに至ったのである。[55]オーストラリアから見て、日本国内の不安定な政治状況はそれほどまでに深刻なものであった。そこでオーストラリアは、日米安保委員会が安保改定交渉の端緒となることを期待し、毎回の議題や話し合いの内容についての情報収集を開始する。[56]

同時に、同国は、日本政府への直接的な働きかけも試みる。すでに岸首相就任直後の一九五七年四月、メンジース（Robert G. Menzies）豪首相は、「オーストラリアという国家が存在しており、この国との友好関係の維持が日本の利益になり、またオーストラリアの政策や利益は日本にも影響を及ぼすことを」理解させるべく訪日していた。このときの首脳会談の主な議題は、日豪通商協定の締結等の経済問題であった。[57]

一九五七年一二月、今度は岸が日本の首相として初めてオーストラリアを訪問する。メンジース首相は首脳会談にて、近年の日本外交に見られる「懸念すべき兆候」を取り上げ、外交政策上の最優先課題は何よりも自由世界の力の強化であるはずで、これを損ないかねないアジア・アフリカの非同盟諸国への接近や核実験禁止提案は控えるべきだと指摘した。これに対して岸は、日本の外交の背景にある国内政治状況を説明した。[58]

このようにオーストラリア政府は、一方では、日本国内の反基地感情が中立主義的志向の促進要因となっているという危機感を持ち、この連環を断ち切るために、米国が安保改定に応じることを期待した。また他方では、世論の中立主義的傾向や反核感情に同調する日本政府の外交姿勢を憂慮し、これを西側陣営に協調的なものへと正そうとした。米国も、日米関係に対する同国の側面支援を期待し、協力を仰いでいた。たとえば、一九五七年一二月の日豪首脳会談の議題は、あらかじめ米豪両国間で打ち合わせてあった[59]。

こうした中、定期的に開催されていた日米安保委員会では、主に米軍陸上戦闘兵力の撤退に伴う基地の返還と自衛隊への移管や、米空軍の漸進的削減に伴う航空自衛隊への防空任務移管などが話し合われ、安保改定は議題とならなかった。岸政権が、在日米軍の配備・使用と安保改定について話し合う場として同委員会を構想したのに対し、米国側は、NATOの機関と類似した協議機関を日本との間に設けることで、日米同盟の相互性を提供し、安保改定の必要性を薄められると考えていたからである。そのため、日本側が、同委員会は広範な問題を話し合うチャンネルだという印象を日本世論に与えることが望ましいと主張したにもかかわらず、米国側は、委員会の目的を「(現行の)安全保障条約に関して生じる問題を検討する」ことに限定していた[60]。日本の思惑やオーストラリアの期待は、裏切られる形となったのである。

4　安保改定の障害

ここまで見てきたように、アイゼンハワー政権における海外米軍基地問題の包括的な検証作業への着手は、日本側に先んじた米国政府内での安保改定検討開始につながった。また、岸政権も、ジラード事件を機に米国に対する旧安保見直しの働きかけへと動いていく。さらに、旧安保成立過程で障害となったオーストラリアなどの同盟国も、一九五〇年代後半にはむしろ安保改定を後押ししようとしていた。

にもかかわらず、一九五七年の日米首脳会談やその後の日米安保委員会設立が、安保改定交渉につながらなかったのはなぜだろうか。最も大きな要因は、米軍部の反対であったと考えられる。彼らからすれば、日本の防衛力不足、米軍撤退後の基地の再使用の保証がないこと、そして日本政府による沖縄施政権返還の可能性追求、この三点が安保改定の障害となっていた。これら三点がクリアされない限り、安保改定交渉には同意できないというのが、米軍部の立場であったのである。

日本の防衛力増強

国務省は、岸訪米にあたって事前に、日本の防衛力増強が不十分であり、集団的自衛権も行使できない状態にあることを理由に、安保改定交渉の開始には応じられないことを日本側に伝えていた[61]。そこで岸は、訪米にあたっての手土産として、「防衛六カ年計画」の後半三年分を転用した第一次防衛力整備計画（以下、一次防）を防衛庁に作成させ、旧安保見直し要求を米国に受け入れさせる交渉材料にすべく準備した[62]。だが、岸との会談において、ダレスおよびラドフォードＪＣＳ議長は、日本の防衛力増強の遅れを厳しく批判した。ラドフォードは、「日本は求められた速度で防衛力を増強していない」と述べ、「日本の国内政治目的に資するならば、日本からすべての軍事力を引き揚げることができる」と発言して岸に揺さぶりをかける。ダレスも、防衛費がGNP二%では、日本が防衛義務を軽く考えていると見なさざるをえないと述べた[63]。

アイゼンハワー政権が一九五五年四月に策定した対日政策NSC5516/1は、日本に対して防衛力増強の圧力をかけることを控え、日本国内の政治的・経済的安定を優先するという方針が採用されたことで有名である。しかし、中島信吾が指摘しているように、米軍部は実際には、NSC5516/1採用後も引き続き、自衛隊の兵力目標をそれ以前と変わらない陸上兵力一五個師団三四万八〇〇〇人に設定しており、日本の防衛力増強の進捗の遅れに対する不満を強く持っていた[64]。

そのため極東軍司令部は、岸訪米とその目的を知ると、「日本の防衛責任の引き受け」と題する覚書を作成し、日本の防衛力増強の達成段階に応じて在日米軍を削減するよう提言した[65]。

これを受けて、JCSも六月一三日、国防総省に対して「将来の日米関係」と題する覚書を提出した。JCSは同覚書にて、米国の目的は、同盟国日本のみならず太平洋地域の防衛を行うことであり、日米の安全保障上の利益を一致させる形で、日本が防衛力増強の長期的計画を進めるのと同時に、米軍の段階的な日本本土撤退を実施して、同目的を達成すべきだとした。ただしJCSは、全面戦争まではいかない軍事紛争を迅速かつ成功裡に収束させるため米軍を日本の領土の外で支援する任務に従事する能力を、自衛隊がすぐに獲得できるとは思えないと指摘する。JCSの日本専門家によれば、日本は独力で防衛力を大幅に増強する能力があるのに公式の長期防衛計画を発展させてこなかった。防衛庁が鳩山政権期に作成した「防衛六カ年計画」は、日本政府から公に認められたものではなく、その中で示された兵力数は米国の考える兵力目標（陸上一八万人）に満たず、しかも日本はそれさえ予定通りに成し遂げていないとされた。国防総省も、ＪＣＳの主張を支持した[66]。

一九五七年の時点で、米軍部は安保改定に必ずしも反対だったわけではない。極東軍司令部は五月二〇日、陸軍省への覚書にて、日本の国民感情が中立主義を志向していることと日本との安全保障上の紐帯を強める必要があることから、日米安全保障条約の見直しには一定の理解を示している[67]。つまり、米軍部は、在日米軍削減や安保改定を、日本の防衛力増強を強化させる梃子として活用しようとしたと見ることができる。

ところが、ジラード事件後の日本国内の反米感情を懸念する大統領が、日米首脳会談に合わせ、早々に米陸上戦闘兵力の日本本土撤退を行うようウィルソンに求めたため、実際に日本の防衛力増強に応じて段階的に削減されるのは、在日空軍基地に限定されることになる[68]。

米軍撤退後の基地再使用

大統領のこの指示は、かえって米軍部が安保改定に応じる上での障害となった。なぜなら、軍部は安保改定によって、日本における長期的な基地保有権を獲得するのとあわせ、返還した基地への有事の再入権（entry and re-entry rights）の獲得を目指していた。ところが、米陸上戦闘兵力の一年以内の日本撤退が決定されたことで、再入権が確保されないまま、大量の基地を日本側に返還せねばならなくなったのである。

朝鮮有事の際、在日米軍基地は、朝鮮半島への出撃基地として使用されることが想定されていた。そのため、緊急時に速やかに日本へ米軍を追加配備できるよう、日本に返還した米軍基地を必要な際に再び使用する権利を持つことは、米軍部にとって不可欠だった。

米軍部が再入権にこだわっていたより大きな理由は、米軍から返還された基地の大部分を民生利用したり民間の地主に返還したりするのではないかという、日本政府に対する不信感であった。一九五五年四月のNSC5516／1策定直前、陸軍省は、日本政府が自衛隊の基地確保を理由に在日米陸軍の撤退を要求しているが、明け渡した施設は自衛隊には使いこなす能力も予算もないため大して活用されず、日本政府によって非軍事用に使われることになると撤退に反対している。(69)

実際、たとえば石川県の内灘試射場は、一九五二年九月に日米合同委員会で米軍用の砲弾試射場として接収が決定され、翌年四月には日本政府によって無期限使用の方針が提示されたが、一九五七年に米軍が使用を打ち切ると、内灘町に全面返還されて海水浴場等になった。(70)

日本側も、米軍部が基地の再入権を重視していることは認識していた。外務省は岸訪米前の一九五七年五月八日、在日米軍の削減を促進し米軍基地の自衛隊への移管を進めるためにも、特定の基地に限って緊急時の米軍の再入権を認めることを米国駐日大使館に提案している。安川壮・外務省欧米局第二課長は、行政協定を一部改定し、米軍に自衛隊基地の使用を認めるようにすることで、米軍の基地再入権を確保できるとした[71]。

しかし、在日米軍司令部は一九五七年一二月末、太平洋軍司令部に宛てて送った覚書で、米軍の基地再入権の確保が見込めない状況を指摘している。同覚書によれば、日本政府は基地の跡地を個々の地主に返還しているため、米軍が緊急時に昔使用していた基地を再使用できる可能性は下がっているとされた。また、緊急時には直前の通告のみで米軍即応部隊が日本本土に上陸し、追加の施設を使用する取り決めを日本政府との間に結べる見込みも薄いと見られた。在日米軍司令部はこうした状況を理由に、米軍の再配備と基地の再使用を無制限に担保している旧安保の維持を主張する[72]。

だが、その一方で在日米軍司令部は、日本本土からの米陸上戦闘兵力撤退にもかかわらず、在日米軍基地をめぐる日本国内の政治的状況が、今後も引き続き厳しいものになるであろうことを理解していた。

彼らは、太平洋軍司令部に対し、「米国の軍事的目的と、米国のミサイル・核兵器の日本貯蔵に関する日本世論および政府方針との間の乖離によって、米軍が日本に基地と諸権利を保持するには、今後も様々な困難が存在するであろうことを認識すべきだ」と主張した。そして、軍事作戦に必要な兵站・補給基地として最小限の基地を専有し、訓練・軍事演習も最小限に留めること、即応兵力を無期限で日本にローテーション配備することなどを提言する[73]。

また覚書では、旧安保および行政協定が米国に都合のいいように基地に関する諸権利を担保している一方で、有事の際に外国軍や増派部隊が日本に駐留できるよう日本政府に義務づけていない点で欠陥があることも指摘された。一九五七年の日米首脳会談前までは何の問題もなかったのだが、その後の陸上戦闘兵力撤退に伴って多くの基地を返還したことで、米軍専用施設だけでは有事の緊急配備に対応できなくなったからである。(74)

とはいえ、外務省が提案したような、「米軍の基地再入権を認める個別協定のもとで自衛隊に基地を返還するという試み」は、非現実的・非実用的だと判断された。自衛隊の政治的土台が不安定であるため、日本政府が広大な自衛隊基地を保有できるとは考えにくい。また、日本政府が個々の地主に返還した土地について、有事の際には米軍に再提供できるような働きかけを行うことも期待できない。さらに、予測不能な有事に備えて必要となる施設・土地を米国が指定することは不可能なため、基地の再使用に関する取り決めを結ぼうとすれば、交渉の複雑化や予定している基地返還の遅滞が予想される。軍事予算に限りがあることや、見返りなしに在日米軍の主力部隊撤退や基地返還を行ったために、基地権を強化しようとする米軍の対日交渉上の足場が瓦解してしまったことから、そのような交渉は困難だというのが在日米軍司令部の見解であった。(75)

そこで、海軍作戦本部は一九五八年四月三日、太平洋軍司令部と共有する見解として、在日米軍基地の地位は、現在または中長期にわたって使用される特定の施設、兵力水準、撤退後の基地の再使用の権利、兵器持ち込みに配慮して維持されねばならないとＪＣＳに対して具申した。(76)

きる。

沖縄の施政権

一九五七年時点での日本からの旧安保見直しの提案が実際の交渉に結びつかなかった、より重要な要因として、岸首相が沖縄返還の要請を同時に行ったことが問題を複雑にしたという点が指摘できる。

岸は、日米首脳会談に備えて一九五七年四月、新任のマッカーサー米国駐日大使と数度にわたり予備的な会談を行った。初回の会談で岸は、現在の日米関係を損なっている原因として、①米国の対日軍事政策、②旧安保の下での日本の片務的・従属的な地位、③領土問題、④米国国内の日本製品輸出に対する扱いと対共産中国に対する貿易制限、の四点を挙げた。この③とは、琉球・小笠原諸島が米軍占領下におかれていることを指していた。岸は、琉球・小笠原諸島は日本固有の領土であって、日本人は知識人も含め、米国がなぜ同諸島の施政権を全面的に行使しなければいけないのかに疑問を持っており、領土不拡大原則を遵守しない米国に失望しているとの見解を示した。そして、沖縄の戦略的重要性は理解できるとしながらも、琉球・小笠原諸島のすべての権利を一〇年後に日本に返還するよう要請する(77)。

マッカーサーから岸の提案について報告を受けた国務省は、世界情勢に関する認識が米国と日本とではまったく異なることを指摘し、同じ領土問題でもソ連による北方領土問題を日本人がなぜもっと問題にしないのか、という点を取り上げるよう指示した。また、日本は沖縄地域を防衛する能力がないので返還に期限を設けることは困難だとの見解を示した。しかし、マッカーサーからこの点を問われた岸は、沖縄には北方領土とは異なり八〇万人の日本人が住んでいて、この問題は日本の国内政治上、争点となっていると強調した[78]。

岸の主張の背景には、海兵隊の沖縄移転を契機に、米軍が沖縄で新規接収した軍用地の地代を低額で一括支払いする方針をとり、米議会もプライス勧告の形でそれを支持したのに対して、一九五六年六月に沖縄住民が島ぐるみ闘争を展開したことがあった。沖縄の政治指導者たちは、超党派の議員からなる代表団を日本本土に派遣し、外務省や重光外相と面会して、日本政府が米国政府に働きかけて地代の一括支払い方針を撤回させるよう陳情し、外務省もこれに同意して、積極的に米国駐日大使館との間で協議を行った。しかし、国防総省は一括支払い方針の実施は延期したが、方針転換は拒否し続けたため、日米間の交渉は長期化し、一九五七年三月には日本の国会議員および外務省担当者からなる視察団が沖縄を訪問して現地調査を行った[79]。こうした状況で、日本国内では米軍の沖縄統治に対する批判が急速に高まっていたのである。

岸の沖縄施政権返還の要請は、駐日米国大使館から極東軍司令部、そこから陸軍省、さらにJCSへと伝えられた。極東軍司令部は五月二〇日、陸軍省への覚書で、日米安保条約の見直しの問題と沖縄施政権問題という二つの問題のうち、沖縄問題についての日本側の要請に応じることの方が、安保条約問題よりも困難だという見解を明らかにした。極東軍司令部は、安保改定を行うと在日米軍基地の自由使用は難しくなることが予想されるが、そうなれば在沖米軍基地は朝鮮・台湾有事の際に米軍が頼れる唯一の基地となるため、それを理由に沖縄における米国の地位のいかなる変更にも反対するとした。これを受けてＪＣＳは、アイゼンハワー大統領に対して、日米首脳会談で沖縄問題を取り上げないように要請した(80)。

しかし、アイゼンハワーは日米首脳会談において、領土問題をダレス国務長官、ラドフォードＪＣＳ議長と岸との間で協議するように取り計らった。そこで、ラドフォードは岸に対し、日本政府が米陸上戦闘兵力の日本本土撤退を要求したことを引き合いに出し、これを実施するためにも琉球・小笠原諸島の現状変更の余地はないと発言した。岸は、米国が琉球・小笠原諸島を安全保障上必要としていることに理解を示した上で、安全保障上の問題なら施政権の全面的維持は不要ではないかと指摘したが、それに対してダレスは、国際情勢に変化がない限り沖縄返還の可能性はないと言い切る(81)。

つまり、岸は日米首脳会談で、旧安保の見直しおよび在日米軍の削減と、沖縄の施政権返還という二つの問題を、「占領からの脱却」「独立の完成」という問題意識から、同列の要求として米国側に提示した。しかし、米国政府にとって、補完関係にある在日・在沖米軍基地をめぐるこれらの問題は、軍事戦略上ゼロ・サムの関係にあったため、両方に応じるということは到底考えられなかった。

5　日本政府の沖縄援助——援護法適用を事例として

繰り返しになるが、極東軍司令部が安保改定よりも沖縄返還に応じるほうがより困難だと明言するほど、一九五〇年代を通じて、米軍部は沖縄の排他的統治に固執していた。だが、吉田茂から岸までの戦後日本の歴代首相は、自身の信念や国内世論の圧力もあり、粘り強く長期にわたって沖縄返還の可能性を模索し続けた。本章では最後に、この時期に本格化した日本政府の沖縄援助について論じることを通じて、沖縄占領を強化しようとする米軍部と、沖縄返還の糸口を探る日本政府との間の、相克の深刻さを確認しておきたい。それによって、沖縄施政権問題と安保改定の関係性をめぐる日米両国の認識のすれ違いを明らかにすることが、本節の狙いである。

一九五六年の島ぐるみ闘争は、日本社会が沖縄問題に注目する契機となり、これ以降、超党派の政治家が一致団結して沖縄との関係強化を推進するようになる。前述した通り、岸が日米首脳会談で沖縄の施政権返還を要請したのも、沖縄問題の政治争点化を意識した行動であったが、沖縄の占領統治に関して一切の譲歩を許さない米軍部の前に、まったく成果をあげることはできなかった。だが、岸政権と自民党は、沖縄への教員・医師の派遣や沖縄住民への経済援助など、対沖援助を通じた日本本土と沖縄の一体化を模索するようになる。短期的な施政権返還の実現が困難な状況において、長期的な返還実現を目指し、沖縄に対する日本の影響力を強める政策へと方向転換を図ったといえよう。

無論、教育分野での日沖一体化は吉田政権のときから検討されてきた構想であり、また、岸政権の試みも歴代内閣同様、沖縄を占領統治する米軍の抵抗で実現していない。他方、岸政権期の一九五七年には、沖縄に関する二つの重要な施策が実現している。一つは、政府の協力機関である南方同胞援護会の財団法人から特殊法人への格上げであり、もう一つは、沖縄への援護法（正式名称は「戦傷病者・戦没者遺族等援護法」）の拡大適用である。ここでは、後者の政策の成立過程を分析することで、なぜ、一九五〇年代を通じた日本政府の対沖援助構想の中で、ほぼ援護法の拡大適用のみが実現できたのかを考察する。

そもそも援護法とは、サンフランシスコ講和条約発効直後の一九五二年四月三〇日に公布され、同年四月一日にさかのぼって施行された法律で、軍人の遺族に対して年金・弔慰金を支給することを目的として制定された。米国の占領下では、軍人とその遺族に対する恩給が一切認められず、文官恩給のみが支給されていたが、独立を機に、夫の戦死後に遺児を抱えて困窮する未亡人の生活を救うために、同法律が急ぎ施行されたのである。翌五三年には、軍人恩給も復活した。

沖縄は、サンフランシスコ講和条約によって日本の行政から切り離されたため、本来は援護法の対象外であったが、国内で唯一地上戦が行われ、沖縄出身の軍人・軍属約三万人弱が死亡した地域であり、軍人遺族の数も他県に比して多かった。そのため、援護法制定前から、沖縄もその対象とするよう沖縄遺族・傷痍軍人による陳情が展開される。これに対して吉田政権は、講和成立を目前にして厚生省復員局の官僚を沖縄に派遣し、援護法を沖縄にも適用する日本政府の意向を伝えさせている。吉田は、一九五二年六月には総理府に南方連絡事務局、八月には現地機関として那覇日本政府南方連絡事務所（以下、南連）を設置し、翌年三月二六日には援護法の沖縄適用を正式に発表した。(82)

ところが、沖縄における援護法の実施の障害となったのが、沖縄占領統治を担う極東軍・USCAR（一九五七年七月の極東軍廃止まで、現地行政を担当するUSCARは極東軍の直轄組織であり、東京の極東軍司令官がUSCARの民政長官を兼ねていた）の対応であった。

一九五二年のサンフランシスコ講和条約発効日、沖縄住民の自治政府である琉球政府の発足式典に送られたリッジウェイ極東軍司令官のメッセージには、沖縄の日本からの政治的分離は日沖間の文化的・経済的紐帯を妨げず、戦争で中断された両者の紐帯は回復されるべきだと書かれていた。(83)リッジウェイは同じ四月に、南方連絡事務局の現地機関の設置を許可したが、この際に外務省から、同機関の設立目的の一つに「琉球住民への恩給支給のための情報収集」がある旨を説明されている。(84)

しかし、一九五二年五月二日に琉球立法院が決議した、援護法の沖縄適用に関する請願書を受け取った極東軍司令部は、これに二つの点から難色を示す。一つには、いまだ沖縄の法的地位が日米間の取り決めのみで国際的には定まっておらず、極東軍から日本政府へと同請願書を送ると、米国側がこれを承認したと日本側に解釈されたり、沖縄の地位をめぐって対外的にややこしいことになる可能性があった。もう一つには、日本政府が「間違いなく援護法の問題を、幅広い（沖縄）復帰問題として位置づけようとする」ことが予想された。そこで、極東軍司令部は、援護法の沖縄適用を「沖縄の将来的な地位に関連する問題」として扱うこととした(85)。

そのため、南連は開設から約一年間、「日本政府は、琉球政府による事前積立を望んでいるが、彼らには積立準備がない」「日本政府は、円での支払いを希望しているが、ドル払いでないと応じられない」など、USCARから様々な理由で援護法実施を拒否され続ける(86)。

このとき、極東軍・USCARは、沖縄統治の正統性を確保できない状況におかれていた。沖縄の法的地位を規定している講和条約第三条には、日本政府が南西諸島を米国の信託統治制度下におくことに賛同した、としか書かれておらず、沖縄での軍用地接収の正当化の根拠とするにも不十分だったのである。だが、第三条地域を国連の信託統治下に移行しようとすれば、国連安全保障理事会でソ連の拒否権行使を受けることが予想されたため、米国政府は、沖縄占領統治の正統性確保に二の足を踏んでいる状態であった(87)。

一九五三年六月、NSCにおいて、第三条地域の国連信託統治への移行を実施しないことと、奄美大島の返還が決定されたことで、援護法の沖縄適用に対する極東軍の警戒心は一層高まった。同年八月、日本政府は、援護法実施のために議員調査団の沖縄派遣を米国駐日大使館に要請する。これを知らされた極東軍司令部は、奄美大島返還交渉の最中に日本側が予定している一〇人もの国会議員が来沖すれば、沖縄で日本復帰の世論が湧き立つことになるとして、調査団の人数を二人に限らせた(88)。

米軍の対応が好転するのは同年一〇月末、国務省と国防総省の間で、奄美大島返還に合わせ米国が沖縄を無期限に占領統治する方針を一方的に宣言することで合意が成立してからである。[89] これを受けて、ＵＳＣＡＲは一一月二三日、それまでの姿勢から一転して南連所長の今城登に「援護法の沖縄適用の計画に異論はない」と通告する。[90]

それからまもない一二月二四日、奄美返還協定の調印と同時に、ダレスは「極東に脅威と緊張がある限り」米国は沖縄の統治権を保持する、との声明を発表する。さらに、翌一九五四年初頭には、アイゼンハワーが年頭教書で沖縄基地を「無期限に維持する」と述べた。[91] ダレスが示した、いわゆるブルー・スカイ・ポジションと呼ばれる米国政府の見解は、米軍による沖縄の占領統治をアジア冷戦によって正当化するものだった。これによって、米軍には援護法の沖縄適用を受け入れる余裕が生まれたのであった。

援護法適用の見通しが立ったと見た琉球立法院は、一九五四年三月四日、援護法の対象を一七歳以上の戦闘員に限ることに反対する決議を採択した。沖縄戦の際、日本軍が現地で召集令状なしに一七歳未満の男子も含めた防衛招集を行っていたからである（当時の兵役法は、一七歳以上四五歳以下の男子を召集令状によって防衛招集するよう定めていた）。日本軍の違法な防衛召集で集められ、「健児隊」「鉄血勤皇隊」「通信隊」などを結成させられた者は約二万二〇〇〇人に達し、その約七割が戦死したといわれている。[92] したがって、沖縄側は、召集された男子を年齢にかかわらず軍人として遇するよう求めたのである。

極東軍司令部が、琉球立法院の援護法拡大適用決議を日本政府に伝えたのは、一年後の一九五五年四月のことであった。この間、沖縄で何があったのだろうか。

まず、援護法に関する立法院決議からまもない一九五四年三月一八日、『沖縄タイムス』によって米軍の大規模な軍用地買い上げ計画が報じられ、地元政治家・地主団体の反対運動が高揚するきっかけとなった。琉球立法院と市町村軍用土地委員会連合会は、決定権のないUSCARと協議しても無意味だとして、ワシントンに代表団を派遣し軍用地代の一括払い反対、適正補償、損害賠償、新規接収反対を訴えようと計画する。これに対し一九五五年三月、極東軍を管轄する陸軍省の担当者が沖縄を訪問し、軍用地買い上げに対する地元政治家の理解を求めたが、沖縄側の反発を一層強める結果に終わった(93)。

それから、厚生省が一九五五年三月、沖縄戦に従事した「ひめゆり部隊」などの女子学徒の最初の死亡公報を発行した。この際、厚生省が男子・女子学徒を共に軍属として援護法の対象とする方針が明らかになったため、一七歳未満の男子学徒が軍人として召集された実態を無視している、という抗議運動が沖縄遺族会などを中心に展開されることになる(94)。

こうした状況において、四月一六日、極東軍司令部は駐日大使館に対し、前年三月四日の援護法に関する琉球立法院決議の内容を伝える。同時に、決議自体に異論はないが、米国側がこれを後押ししているととられかねないので、決議文全文を知らせずに外務省担当者へと決議採択の事実を伝えるよう要請した(95)。決議採択から一年間これを黙殺していた極東軍司令部が、その後、日本政府に決議内容を知らせるという行動に出たのは、軍用地買い上げ計画への反対運動が盛り上がる沖縄現地に対するガス抜きの効果を狙ったと考えることができる。

とはいえ、援護法の適用拡大は、厚生省だけで判断できる問題ではなく、高度の政治的判断を要するものであった。そうした政治判断を可能にしたのも、軍用地買い上げ問題とそこから発展した島ぐるみ闘争である。

一九五五年一月一三日付の『朝日新聞』に、沖縄の軍用地買い上げ問題の特集記事が掲載されたのを機に、日本本土では沖縄に対する関心が本格化しつつあった[96]。沖縄現地の実情に共感する世論が醸成される中、厚生省担当者は、衆議院海外引揚特別委員長の山下春江を訪ね、一七歳未満の沖縄学徒兵に対する援護法適用の政治決着を依頼する。国会において、沖縄学徒兵を軍人として扱うべきだという議論が行われた結果、厚生省は一九五六年三月、沖縄の男子戦没学徒を全員陸軍上等兵とした死亡公報を発行した[97]。

そして、島ぐるみ闘争の引き金となったプライス勧告の詳細が明らかになった一九五六年六月一九日は、日本本土で参議院選挙の選挙活動が行われていた時期にあたり、プライス勧告と日本政府の対米従属を批判した社会党は、七月八日の投票で大きく議席を伸ばす。社会党のこの動きを懸念した自民党は、政務調査会の中に「沖縄問題に関する特別委員会」（以下、沖特委）を発足させる。沖特委が参院選後、自民党総務会に提出した「当面の沖縄問題対策」の中で掲げたのが、「軍人恩給・遺族年金を沖縄関係者にも交付」することであった[98]。

実は、援護法の沖縄適用にあたって問題となったのは一七歳未満の学徒兵だけではなく、戦闘に巻き込まれた一般住民の処遇も難題であった。沖縄戦では、幼児から老人まで県民全員が市町村ごとに協力隊を組織させられ、日本軍のあらゆる作業に従事した。加えて、逃げ込んできた日本兵に防空壕から追い出された、方言を話したことで日本兵にスパイ容疑で殺害された、集団自決を強要された、などの日本軍の加害行為も重なって、一般住民約九万四〇〇〇人が死亡したと推定されている(99)。

沖特委の発足は、援護法に関する大胆な政治判断を可能にした。沖特委は成立直後から、様々な対沖政策の提言や超党派での沖縄関連法案の成立などを積極的に行い、政府の沖縄関係予算獲得を強力に支えていく。厚生省はこうした背景から、岸訪米の翌月の一九五七年七月、以下の二〇項目のどれかに該当する者をすべて、沖縄戦の戦闘参加者として援護法の対象とすることを決定する。すなわち①義勇隊、②直接戦闘、③弾薬、食糧、患者等の輸送、④陣地構築、⑤炊事、救護等の雑役、⑥食糧供出、⑦四散部隊への協力、⑧壕の提供、⑨職域（県庁職員、報道関係者）、⑩区（村）長としての協力、⑪海上脱出者の輸送、⑫特殊技術者（鍛冶工、大工等）、⑬馬糧蒐集、⑭飛行場破壊、⑮集団自決、⑯道案内、⑰遊撃戦協力、⑱スパイ嫌疑による惨殺、⑲漁撈勤務、⑳勤労奉仕作業、である(100)。

加えて、援護法の対象を一七歳未満の学徒兵のみならず戦闘協力者にまで拡大できた、その他の理由として、岸訪米直前に発表された「大統領行政命令」を挙げたい。これは、アイゼンハワー大統領の命令でもって、米軍の沖縄占領統治に法的根拠を与えようとした措置である。一九五七年六月に同命令が実施された結果、統治権限がＵＳＣＡＲから国防長官へと移管され、ワシントンが直接、沖縄の統治に責任を持つことになった。同時に、東京におかれていた極東軍司令部がハワイの太平洋軍司令部に統合され、国連軍司令部も韓国へ移転されたのにあわせて、ＵＳＣＡＲの最高司令官として高等弁務官がおかれることになった[101]。ＵＳＣＡＲが、大統領行政命令によって沖縄占領統治の正統性を得たことで、沖縄に対する日本政府の影響力行使に対して以前ほど神経質ではなくなったことは想像に難くない。

ここまで論じてきたように、援護法の沖縄適用は、一九五三年末に発表されたブルー・スカイ・ポジションによって、米軍の無期限の沖縄占領統治が宣言されて初めて可能になった。いいかえれば、米軍は、沖縄が当分の間は日本に返還されないという保証を得て、沖縄に対する日本政府の影響力を多少なりとも認められるようになったのである。そうした米軍の心理的余裕は、軍用地買い上げ問題で米軍に反発する沖縄世論を鎮静化する手段として、援護法の適用拡大を利用するという動きにつながったのであった。一九五〇年代には、米国は慎重に、沖縄の施政権を脅かされない範囲でのみ日本政府の介入を許したのである。

ただし、岸が、援護法の沖縄適用に至る厳しい過程で表れた、米国側の沖縄占領継続への強烈な意志をどこまで理解していたかは疑問である。一九五七年一二月、那覇総領事が駐日大使館に送った電報によれば、総理府南方連絡事務局の官僚が沖縄を訪問し、沖縄住民の自衛隊採用について琉球政府と非公式に協議したという。那覇総領事の申し入れの結果、南方連絡事務局は現時点ではこれ以上、琉球政府やUSCARに対して表立った要請を行う予定はないが、日本政府としては、一九五九年三月にはこの問題を公式に取り上げたいと希望したとのことであった[102]。

日本政府内には鳩山内閣のときから、日本が自衛隊を強化し、沖縄防衛について米国の肩代わりができるようになれば、沖縄の施政権返還を実現できるという考え方が存在していた[103]。岸内閣は、訪米直前の一九五七年六月に一次防を策定し、一九五八年一月から三年間、一次防にもとづいた防衛力増強を目指した。南方連絡事務局が沖縄県民の自衛隊採用を打診しようと来沖したのは、一次防実施直前のタイミングであり、一九五九年三月というのはおそらく、一次防決定直後から岸内閣が取り組んでいた二次防について、策定の目途がつくと想定されていた時期であろう。

日米首脳会談で米国側から防衛力増強を迫られ、同時に沖縄の施政権返還を拒絶された岸からすれば、防衛力増強は安保改定と沖縄返還を同時に実現する道であり、沖縄返還に向けて沖縄住民が自衛隊に入り、防衛力増強に貢献するのは、自然なことと考えたのであろう。しかし、実際にはそれは米軍部の沖縄に対する考え方とは異なっていた。そして、岸は、安保改定実現のために、沖縄返還の追求を断念せざるをえなくなるのである。

小括

本章での考察をまとめると、以下のようになる。

第一に、アイゼンハワー政権は①基地の運用、②核の持ち込み、③米兵犯罪をめぐる刑事裁判権の不公平さが米軍基地を受け入れる同盟諸国の不満を招いている状況を、打開するという課題を抱えていた。日本でも、これらの問題が旧安保に対する国内世論の強い不満につながっており、日本政府が在日米軍の削減や安保改定を望む理由となっていた。

第二に、米国政府、特に軍部は、日本国内の反基地運動が米軍基地の拡張を困難に追い込んだことに危機感を抱き、旧安保に代わる相互防衛条約を日本との間で結んで、米軍の長期の駐留権を明文化する必要性を認識した。ただし、その実現方法については、外交の責任者であるダレスが、交渉戦術上、日本から旧安保の改定を切り出させる必要があるとの見解を示したことで、基地保有権の獲得は政権の長期的課題とされることになる。

第三に、アイゼンハワー政権は、各国との基地協定を見直すべくナッシュに海外基地調査を依頼したが、それを契機として、極東軍司令部がナッシュの報告書への反映を目的とした安保改定の検討に着手し、それを危惧した国務省極東局も安保改定の検討を開始した。これらの動きは、ジラード事件をきっかけに日本政府が米国側に旧安保見直しを要請するよりも半年以上早く起こったものであった。

また、本章では、一九五七年の日米首脳会談が安保改定交渉につながらなかった理由として、①日本の防衛力増強の遅れ、②米軍が返還した基地を有事に再使用できる保証がないという問題、③沖縄の施政権をめぐる日米間の対立、が存在したことを明らかにした。

そこで、次章以降で論じるべき課題は次の三点である。

第一に、米軍部は安保改定交渉の開始までに、いかなる理由から日本の防衛力の増強という改定の条件を取り下げたのだろうか。言い換えれば、軍部は日本の防衛力の増強よりも何を優先すべき課題と見なし、安保改定交渉の開始に同意したのであろうか。

第二に、軍部が安保改定を認めるためには、日米首脳会談で大幅な削減が決定された在日米軍撤退後も緊急時に日本本土の基地を再使用できるか、という問題をクリアしなければならなかった。この問題は、その後どのように論じられていったのだろうか。

第三に、日本政府が安保改定を実現させるには、当面、沖縄の施政権返還を断念する必要があった。安保改定に向け、日本政府はこの点をどのように理解していったのだろうか。また、米国政府側の見解はその後、何らかの変化を見せたのだろうか。

これらの論点をふまえ、次章では、米国政府が安保改定交渉の開始に同意するまでの過程を論じたい。

第3章

ナッシュ・レポートから改定交渉へ

はじめに

本章の目的は、一九五七年一一～一二月に完成したナッシュ・レポートをめぐる米国政府内の議論と関連づけながら、米国側が安保改定交渉の開始を決定するに至るまでの検討過程を明らかにすることである。米国政府内の海外基地政策をめぐる検討過程で、在日・在沖米軍基地に関するどのような議論がなされたのか、また、それに対して軍部がどのように動いたのかを明らかにすることが、本章の狙いである。とりわけ、スプートニク・ショックによってナッシュ・レポートが当初の意図を大きく超え、海外基地群およびそれを支える同盟関係の管理のために、現状の基地の再配置も含めた大胆な政策を進めようとする米政府内の議論に発展したことに注目する。

一九五七年には、米国にとって衝撃的な出来事が起きた。まず八月下旬に、ソ連が大陸間弾道ミサイル（ＩＣＢＭ）の実験に成功した。そして、三週間後の一〇月四日には、ソ連が世界で初めて無人の人工衛星スプートニクの打ち上げを実施し、さらにその一カ月後、犬を乗せた二番目の人工衛星の打ち上げにも成功したのである。いわゆるスプートニク・ショックと呼ばれる出来事である。

先行研究は、スプートニク・ショックが、米国内でいわゆるミサイル・ギャップ論争を引き起こしたこと[2]、フランスによる核兵器の独自開発や独仏の核共有の動きを招いたこと[1]、イギリスやカナダに米軍の核使用の事前協議制を要求させるに至ったことを論じてきた[3]。

ミサイル・ギャップ論争とは、ソ連のミサイル開発が米国に先行していると考えミサイル開発計画の強化を要求する米国議会・政権閣僚と、米国の軍事的な対ソ優位を確信し予算の問題からこれに抵抗するアイゼンハワー大統領・ダレス国務長官との間の対立である。先行研究は、実際には大統領・ダレスの見解が正しく、米国は一九五〇年代にはソ連に核兵器で質量共に勝っていたが、この論争を契機に、大統領たちはニュールックの主柱であった大量報復戦略を見直さざるをえなくなったことを指摘している。しかし従来の議論では、大量報復戦略の再検討の過程で同戦略を支える海外基地群がどのように見直されたのかについては、まったく触れられてこなかった。

他方、スプートニク・ショックがNATO諸国に米ソ核戦争への巻き込まれの恐怖を与え、独自核による自衛や、事前協議制による米軍の核使用の制限等の対処策を模索させたことは、日本が安保改定によって事前協議制を実現しようとしたことと軌を一にしている。

この点、安保改定の先行研究は、スプートニク・ショックが安保改定に与えた影響について、ダレスが同出来事を契機に、米国に対する同盟国の信頼が低下し中立主義的志向が強まることを恐れて、対日・沖縄政策の見直しを開始したことを指摘してきた(4)。

だが、スプートニク・ショックによって日本のみならずNATO諸国の間でも、自国に米軍基地があるせいでソ連の核攻撃にさらされることへの恐怖が一気に高まったのなら、同盟国の動揺に対する米国の対応策も、各国・地域ばらばらにではなく包括的に政府内で議論されたはずである。スプートニク・ショック直後に完成したナッシュ・レポートはまさに、同出来事をふまえて海外基地群のあり方を総合的に再考した報告書であり、ＮＳＣやＯＣＢでの同報告書をめぐる議論も、同盟国の動揺の深刻さを受けて海外基地政策を広く軌道修正しようとするものとなった。

そこで本章では、ナッシュ・レポートの分析を通じて、スプートニク・ショックの同盟国に対する影響が米国政府内でどのように認識され、それが安保改定にどのようにつながっていったのかを明らかにする。

1　ナッシュ・レポート

海外基地の問題性

ナッシュは、一九五七年一一月に国別報告書を、一二月に全体報告書を大統領に提出した後に急死した。ナッシュ・レポートの完成直前に起きたスプートニク・ショックは、米国が同年一二月に予定していた初の人工衛星ヴァンガードの打ち上げを、たびたび延期したあげくに失敗したことも重なり、米国がミサイル開発でソ連に後れをとっているという印象を米国内外に与えることになった(5)。したがってナッシュ・レポートには、スプートニク・ショックが海外基地の維持・運用に及ぼす影響の分析も盛り込まれた。

大統領は、ナッシュ・レポートをＮＳＣおよびＯＣＢの場で検討させることにした。一九五八年一月にＮＳＣ企画委員会へと提出された、ナッシュ調査団が用意した「米軍海外基地に関する大統領へのフランク・C・ナッシュの報告書要約」の本文は、次の文章から始まる。

朝鮮戦争勃発以来、何年にもわたり大いに発展した巨大な米軍海外基地システムは、米国が国際的に展開する軍事態勢を支える重要な要素となったばかりではなく、米国の対外関係における最重要課題ともなっている。基地の様々な重要性ゆえに生まれる新たな要求を満たすため、海外米軍基地をめぐる対外的な調整はいまも行われている。しかしながら、大規模な基地拡大の時期はもはや過ぎた。調整が必要な問題の多くは、米国が他の国との間で締結している協定と同程度のより有利な基地協定を各国が主張するという顕著な傾向によって、より一層困難になっている。このため、米軍基地が配備されているすべての国において、我々の基地および米国の行動を調整する効果的な手段を講じるためには、米国の政策の明確な定義づけが不可欠である。(6)

これこそが、ナッシュ・レポートが作成された理由であった。すなわち米国政府は、米軍基地を受け入れる同盟国との間の協定に、受け入れ側に不利だという同盟国側の不満に対応した新たな海外基地運営・維持の方針が必要だという認識を有していたのである。

ナッシュ・レポートはその議論の前提として、米国の安全保障が「前方展開戦略と適切に配備・分散された海外軍事基地システムおよび作戦施設に依存」しているという認識を示した。スプートニク・ショックによっても、海外基地群の重要性は変わらないというのがナッシュの主張であった。[7]

報告書によれば、スプートニク・ショックは海外基地問題を複雑にした。今後、米国政府に対して、ソ連の核の脅威に対抗するためにＩＣＢＭ配備に傾注する代わり海外基地を削減すべきだという圧力が増大することが予想されたからである。しかし海外基地は、①全面戦争に対する抑止力としての米軍の適切な分散配置、②局地侵略に対処するための戦術兵力の維持、③米国の政治的目的の促進、のために米国にとって不可欠であり、ＩＣＢＭへの依存だけでは②③は実現できないというのがナッシュの見解であった。そこでナッシュ・レポートは、スプートニク・ショックが米国世論および同盟国に与えた動揺に対処するには、海外基地を維持しながら各国に中距離核ミサイル（ＩＲＢＭ）を配備するのが望ましいという考え方を示した。[8]

しかし、そうした確信に相反して、ナッシュの海外基地に関する現状分析は悲観的であった。すべての海外米軍基地が抱える共通の問題としてナッシュが挙げたのは、①基地協定の相互性と対価、②核兵器の運用、そして③米兵犯罪に対する刑事裁判権の取り扱い、の三点である。[9]

第一に、基地協定の相互性と対価に関していえば、ナッシュはまず相互性の問題について、相互防衛条約のための共同・協調的努力としての米軍のプレゼンスが、十分に意義づけられていないとする。報告書いわく、海外米軍基地を集団防衛体制の一部として意義づけることに成功しているのは、現状ではほぼＮＡＴＯのケースのみである。そこでナッシュは、カナダやラテンアメリカ諸国と結成した米州機構（ＯＡＳ）、オーストラリア・ニュージーランドとの間に締結した太平洋安全保障条約（ANZUS）、その他SEATOなどの多国間協定でも、米軍基地に集団安全保障の枠組みを付すよう努力すべきだという。また、対価の問題については、米国の海外援助と海外米軍基地計画との間に関連性が存在するのは常に避けられないことである以上、単に賃貸料を払って米軍が外国に基地を構えることは現実的に不可能である。よって米国政府は、外国基地がどのような対価によって維持されているのか分析し、海外援助予算を組む際の参考とすべきであり、もし対価にかかるコストが高すぎるようであれば、基地の移転を考える必要がある。さらに、新しい基地を手に入れる交渉を行う際には、複数の選択肢を用意する必要があるというのが、報告書の見解であった。[10]

第二に、核兵器については、陸海空三軍の核装備の漸進的な規格統一が、海外基地への核の持ち込み、貯蔵、および使用をめぐる問題を生み出した事実を指摘した。ナッシュは、米国が核兵器の問題で同盟国から行動の自由を妨げられることは避けられないため、核を用いた作戦についての情報共有の仕組みを作り、有能で信頼のおける同盟国に核兵器を提供する計画を進めるべきだと提言している。[11]

第三に、米兵犯罪に対する刑事裁判権については、NATO諸国との間では法的対等性が担保されているが、法制度が米国の水準に達していない同盟国との間では米国側の裁判権を優先せざるをえず、問題が生じているとした。その上で報告書は、米国側にとって満足のいく裁判権の取り決めを結べない国・地域には、米軍は駐留すべきでないと主張する。[12]

ナッシュはその他にも、海外米軍の日々の作戦行動に付随する多くの問題が存在し、それらが累積すれば、今後の基地計画を成功から一転失敗へと変えることになると指摘した。報告書では、大別して五点の課題が挙げられている。

一点目は、米国内で海外米軍基地の重要性の周知徹底を図り、基地を維持するのに必要な行動を惜しまないことである。また、基地受け入れ国に対しては、米軍基地は米国の利益のために存在するのではなく、集団安全保障の一部であることを強調しなければならない。米国と基地受け入れ国との間で利益の同一化・相互性を高めるため、両者間の軍事協力が進むよう現実的に可能なあらゆる努力をすべきである。二点目は、海外米軍基地が現地にもたらす多大な経済活性効果を最大限利用すべきことである。三点目は、基地受け入れ国との間で過去に起きた問題を今後避けるため、米軍施設・人員に関する米国側の要求を選別することだという。四点目は、海外基地の建設や調達、現地でのトラブルの調停を行う上で、順応性や柔軟性を身につけることである。五点目は、米兵とりわけ司令官の教化と選別を行い、米軍が地域住民にとって摩擦や苛立ちを引き起こす存在であることを彼らに理解させて、米兵と地域社会との関係が向上するよう図ることだとされた(13)。

極東基地群の脆弱性

続いて地域別、国別の課題として、ナッシュ・レポートが最も問題視したのは、極東の米軍基地群が現地の政情不安や配備上の問題から安定した運用からはほど遠い状況にある実態であった。

報告書はまず、米軍基地を受け入れている極東の国々は概して米国に友好的といえるが、それは表面的なもので水面下では変化が起きていると指摘する。すなわち、韓国と台湾を除いたアジア諸国は、米国とは異なり中ソ陣営を差し迫った軍事的脅威として認識せず、内政問題に傾注しているため、米軍駐留によって生じる日々の不快な出来事にとらわれ米国のプレゼンスの本質的目的を見失っている。したがって、これらの国々に対して、「彼らの求めに応じておかれた」米軍基地が単に米国の防衛のためにあるのではなく彼らを敵の攻撃と支配から守っており、彼らの主権を侵害するどころか保っていることを分からせる必要があるとされた[14]。

ナッシュは、とりわけアジア諸国において、中立主義とナショナリズムが強い潮流となっていることを問題視した。米軍の助力なしに中ソ両国の脅威と対峙しなければならない状況にでもならない限り、アジアにおいて米軍削減・撤退の圧力は強まる一方だと見られた。その顕著な例として、一九五七年中に米陸上戦闘兵力が日本から撤退することになったにもかかわらず、日本の国内世論では中立主義への支持が根強く、集団安全保障に貢献するという義務を受け入れる姿勢がいまだに見られないことが指摘された[15]。

同盟国ごとに米軍基地が抱える問題は次の通りであった。

極東の米軍基地は、NATO諸国で示されるような安定性を欠いており、現状の防衛網の連結は明らかに弱い。日本では、日本（の安全保障）に直接関わらない限り、韓国やその他の地域での戦争行為を支援する目的で兵站施設や空軍基地を全面的に使用できる見込みがない。沖縄は、軍事基地が極度に集中しすぎていて、空や潜水艦からの攻撃に対して著しく脆弱である。蒋介石がいずれ死ねば、中華民国の反共の意思は弱まり中共との歩み寄りに向かうだろう。フィリピンにおける米軍基地は、最近の選挙の結果にもかかわらずまったく安定的とはいえない内政に左右されている。韓国は特殊な状況にあり、米国の大規模な地上部隊は特定の任務に縛りつけられているため配備上の柔軟性がまったくない。(16)

極東の米軍基地群は、兵站・支援拠点としての日本本土と攻撃拠点としての沖縄が重点的拠点とされ、その他に海軍・空軍が駐留するフィリピン、朝鮮半島の停戦・分断状態を維持すべく陸軍が駐留する韓国からなっていたが、どれも長期間の安定的運用に耐えられる見込みがなかったのである。台湾の中心である台北には米軍基地はおかれていなかったが、小規模な米軍部隊が駐在しており、一九五七年五月に米兵が現地住民を射殺した事件が、台湾住民の間に反米感情を引き起こしていた。

またナッシュ・レポートは、SEATOについても、米軍の機動打撃兵力と極東の米軍基地群に依存しており、極東基地群が脆弱になれば、SEATOの組織そのものだけではなく東南アジアの反共諸国にも政治的・心理的な影響が出ると分析している。(17)

報告書は、米軍の海外配備には空軍出撃拠点・ミサイル発射地点の確保、地域紛争への対処、同盟国を守る米国の意思表明としての意味合いがあることを強調する。その上で、極東の脆弱性とソ連のミサイル能力の増大に鑑みて、極東基地群の分散とより政治的に安定した地域への移転を考えるべきだと勧告している。現状では、国内への核持ち込みを許していないのは日本だけだが、ソ連のプロパガンダによって反核感情の波がいつ他のアジア諸国にも広がるかわからず、米国の管理下にある地域以外では核兵器が使えなくなる可能性も指摘された[18]。

とりわけ、「軍事的観点から、太平洋地域で最も価値のある基地群」である日本について、ナッシュは、「戦争や重大な危機の際、作戦・兵站基地として頼りにならないかもしれず、〔中略〕代替地を見つけることが望ましいのではないか」と指摘した。日本は、核戦争への巻き込まれを恐れて、米国との条約上の義務を果たすよりも中立を志向しているというのが、その理由である。だが、在日米軍基地は、アジアの戦術航空部隊の多くを駐留させ、陸・海軍の修理施設も保有し、韓国・台湾・東南アジアへの兵站支援を行えるなどの点から、アジア戦略上は最も重要な拠点であった。こうした役割を代替できる基地がおける同盟国として、ナッシュはオーストラリアを挙げているが、オーストラリアへの基地の全面移転は日米同盟を弱体化させる恐れがあることとや、オーストラリアはアジア大陸から距離があり北東アジアでの作戦展開には問題があることから、同国はあくまで追加・補助的基地として確保するよう勧告している[19]。

在日米軍基地が、日本の中立化志向のために有事の使用が保証されない状況であるにもかかわらず、日本との同盟関係を悪化させるような基地の移転は望ましくないのであれば、対日関係の改善によって在日米軍基地を安定化させるほかはない。そこで、ナッシュは、極東基地全般について、次のように提案した。

日本とはより相互的な方向に安全保障条約を改定し、同時に、日本人に対してより多くの防衛上の負担を受け入れるように圧力をかけるべきである。我々は永久に小笠原・琉球諸島に留まるつもりであるという事実を、はっきりさせねばならない。沖縄本島でこれ以上の大規模な土地の要求は避けるべきであり、また、琉球経済の脆弱性を解消するために、原子力送電網の建設などの特別な措置をとらねばならない。本島以外の琉球諸島には、可能であればＩＲＢＭの設置を検討すべきだ。台湾では、外交上の訴追免除にあたる米国人の数を最小限に留め、台北地域へのこれ以上の集中を避けることによって、五月の暴動が再発しうる危険性を減らすためのあらゆる努力がなされるべきである。フィリピンでは、安全保障上の利益の相互依存や目的づけという考え方を、フィリピン人とともに育てていくことが特に重要だ。彼らに我々の基地運営に対する責任と参加を与えるためのあらゆる機会を逃してはならない。(20)

ナッシュはこの中で、在日米軍基地を安定的に使用できるようにするための具体的施策として、安保改定を提案している。ただし、米軍の支援なしで日本防衛の責任を果たすには「不十分」な防衛力しか有さず、当面、東アジア全体の防衛に貢献することもないと見られる自衛隊の防衛力増強が安保改定の条件であった。またナッシュは、安保改定交渉時の米国の立場を強めるためだとして在日米軍の削減をも勧告している。岸首相が一九五七年の日米首脳会談で、陸上兵力の全撤退を含む在日米軍削減を要求したことに鑑み、在日米軍の削減は、一つには社会党の反基地運動を弱めることができ、もう一つには長期的な基地の保有権をめぐる交渉で米国側が有利な立場に立てるとした。[21]

安保改定と抱き合わせで日本により多くの防衛上の負担を分担させる、という考え方自体は一九五六年末時点の国務省極東局内の主張でもあり、目新しいものではない。しかし、ナッシュ・レポートが現状では有事に在日米軍基地を使用できる見込みがないことを指摘し、安保改定を提言したことは、日本との間の基地問題を解決するには安保改定が不可欠であるという認識が米国政府内で共有されつつあることを示していた。

この時期、太平洋軍司令部は、米国にとって利益にならないのであれば安保改定交渉に入るべきではないとの姿勢をとっていた。しかしナッシュ・レポートは、日本と新たな条約関係に入らなければ、緊急時に米軍が日本国内の基地を使用できないことを指摘した。この点こそが、軍部が安保改定に対する立場を変えていく重要な要素となるのである。[22]

在沖米軍基地

またナッシュ・レポートは、沖縄が①軍事基地の過度の集中による軍事的脆弱性、②日本による施政権返還要求と沖縄住民による日本への復帰願望、③基地拡大のための土地接収に対する現地の反対運動、④現地経済の脆弱性、といった問題を抱えていると分析している。その上で、米国にとって「要」の存在である沖縄米軍基地が安定性を欠いている最大の要因は、やはり日本本土と沖縄の双方に存在する復帰論だと見ていた[23]。

ナッシュは、まず①については空港、港、貯蔵施設、訓練場が海岸沿いに密集しているため、空と海からの攻撃に対して脆弱になっていることを指摘し、他の極東地域に基地を分散移転するよう提言した。日本本土から沖縄に移転した海兵隊についても、一つの場所に集結しているために本来の能力である機動性を欠いていることを問題視した。②に関しては先に述べた通り、米国が「永久に琉球・小笠原諸島に留まるつもりであるという事実を、はっきりさせ」ることが肝要だとする。そして、沖縄住民の反米・反基地感情を緩和するためにも、③について土地のこれ以上の接収を控えるべきだと述べている。軍用地買い上げ問題が、反米主義者のプロパガンダに最大限利用されているから、というのがその理由であった。また、報告書は、原子力送電網の建設などによって雇用を創設することで、④の解決を目指すべきだとの方針を示した。琉球立法院が一九五七年八月二三日、核基地建設への反対を決議したことから、原発建設が現地の反核感情の芽生えへの対応にも有効だとの見方を示している[24]。

ナッシュは、沖縄に駐留する米軍は太平洋防衛上の主要線であり、同地域の安全にとり米軍の無期限の沖縄駐留は不可欠なため、日本と交渉する余地はないとの立場をとるべきだと主張した。その上でナッシュ・レポートでは、沖縄の五〇カ所にＩＲＢＭ発射拠点を建設し、中国に対する抑止力を高めることが提言された。[25]スプートニク・ショックによって、在沖米軍基地は核ミサイルの配備地としての重要性が高まっていた。ナッシュが勧告したＩＲＢＭ配備は結局、実現しなかったが、[26]一九五九年一月には高空迎撃ミサイル「ナイキ・ハーキューリーズ」が沖縄に配備され、一九六〇年三月には低空迎撃ミサイル「ホーク」の発射台建設、同年五月には戦術地対地巡航ミサイル「メースＢ」の沖縄配備が発表される。[27]日本が在日米軍基地への核兵器の持ち込みを拒否している状況において、在沖米軍基地に次々とミサイルが配備されたことは、沖縄が極東の核基地として重要な役割を果たしている以上、日本に沖縄の施政権を返還することは不可能だという米軍部の主張を一層強めることになった。

2 スプートニク・ショックに対する日本の反応

スプートニク・ショックは、同盟国の間に二つの反応を呼び起こした。そのいずれも、米国の核抑止の信頼性に疑いを抱き、巻き込まれの恐怖に対処しようとするものであったが、一つには、ＮＡＴＯ諸国の間に核兵器の独自開発を検討する動きが見られた。もう一つには、イギリスやカナダ、日本で自国の米軍基地の核運用を管理しようとする動きが強まった。フランスに至っては、自国の米軍基地からの核兵器撤去を要求した。さらに一九五八年三月末、ソ連が一方的に核実験停止を発表すると、ダレスは、同盟国が独自にソ連との関係改善を試みたり中立主義的志向を強めたりすることを恐れた。[28]

ダレスの危機意識は、従来の大量報復戦略の見直しへと彼を向かわせた。一九五八年三月に、ダレスはソ連との核軍縮交渉の開始を主張し、[29]同年四月には、アイゼンハワーとの会談で限定戦争のための戦略を至急研究する必要があると訴えた。これは、ソ連との全面核戦争を進んで招こうとしているとして、議会が政府の大量報復戦略に対し激しい批判を加えるようになったことが理由であった。大統領もこれに合意して、政府高官からなる少人数のグループに検討を命じている。[30]

結果からいえば、ダレスの試みはいずれも失敗した。核軍縮交渉は一九五九年五月のダレスの死によって挫折し、また、限定戦争戦略も一九五九年八月にアイゼンハワーがNSC5906／1として新たな戦略を承認したものの、軍部の反対と彼自身の曖昧な態度によって具体化されずに終わった。[31]したがって、核軍縮交渉や限定戦争戦略についてはここではこれ以上論じない。

ただし、ここで触れておきたいのは、ダレスが一九五八年三月以降、ソ連との核軍縮交渉や限定戦争戦略の策定に取り組むにあたって、NSCで議論することを避けるようになったという事実である。アイゼンハワー政権が発足当初、NSCを政策決定の場として積極的に活用したことは有名だが、多数の政府関係者が参加するNSCではしばし議論が長期化し、何も決まらない会議も増えてくると、ダレスは「NSCでの議論は時間の無駄」と断ずるようになり、大統領もダレスの意見に賛同した。[32]

ダレスが、安全保障政策に関する検討の迅速性を重視し、国務省と国防総省を中心とする少人数の協議を好むようになったことで、その後の安保改定の決断や交渉方針をめぐる協議も、NSCの場ではなく国務省と国防総省との間の会合にて行われることとなった。そして決定事項は、ダレスからアイゼンハワーへと個人的に伝えられたのである。

さて、アイゼンハワー政権はナッシュの勧告通り、海外米軍基地の核戦力の共有とIRBMの配備によって、スプートニック・ショック後の米国の核抑止力の信頼性を回復しようとしたが[33]、問題は米軍の核運用の取り決めに関する同盟国の要求であった。特に日本政府は、スプートニク・ショックを機に、在日米軍基地への核持ち込みに関する事前協議制の創設を含んだ旧安保見直しの検討を真剣に行うようになった。しかし、アイゼンハワー政権は一九五八年初頭から、米軍が所有する核コンポーネントの所在を否定も肯定もしないNCND（Neither Confirm Nor Deny）政策をとっており[34]、日本側が望む事前協議制はこれと真っ向から対立するものであった。

アイゼンハワー政権は、一九五三年から核搭載艦船を日本に寄港させていただけでなく、五四年からは在日米軍基地内に、核のコア部分を切り離した核弾頭である非核コンポーネントの貯蔵を開始していた。日本政府も、これらの事実を知っていたとされる[35]。

また、一九五七年の訪米時に岸が行った旧安保見直し要求は、あくまで一部修正を求める内容であり、首脳会談で合意された内容も、日本側の要求を一部受け入れた内容ではあったが、安保改定交渉の開始を意味するものではなかった。

にもかかわらず、日本政府は一九五八年六月、旧安保修正を米国に再度打診した。同年五月の外務省文書は、日本側のこの動きの背景と動機を端的に記している。

ソ連が大陸弾道弾と人口衛星に依って軍事科学技術の進歩を誇示して以来、共産側は、一方に於て自由陣営の抑制力の中心たる米国の軍事力に疑惑を生ぜしめる様、又同時に局地戦争を否定して中途半端な軍備は無意味であるとの観念を醸成する様宣伝を一段と強化した。〔中略〕其の後共産圏諸国の非核武装地帯設置の提唱やソ連の条件付一方的核実験中止声明等のこともあつた。我国に関しては、以上の如き世界的事情に加へ、在日米軍撤退の進行に由り基地問題が漸く下火になつて来たこともあつて社会党其の他の左翼勢力が其の攻撃の矛先を核兵器問題に集中して居り、従つて此の問題には特に敏感である我国輿論は更に刺戟されている実情である[36]。

すなわち、スプートニク・ショックやソ連の核実験停止によって、米国の核政策に対する社会党など野党の批判は一層強まり、日本政府は核持ち込み禁止決議を迫られるなど国会で守勢に立たされたのである。七月末にマッカーサー駐日米大使と会談した藤山愛一郎外相は、旧安保の見直しが必要な理由として、ソ連がスプートニク・ショックを背景に米国の抑止力への疑念を生じさせるため大規模な心理攻勢をかけていることを挙げている[37]。

外務省によれば、こうした政治的守勢から脱するべく日本政府が旧安保見直しで特に重視する点は次の通りであった。

我国の輿論は之を尊重しなければならず、今後益々強化されると予想される共産圏の心理戦に対し、〔中略〕米国は日本の意向に拘りなく核兵器を日本に持込み得ることとなつて居り、若し此の点に就て国民が懸念を持つとすれば、〔中略〕両政府間に何等かの了解を遂げ置くことが全般的に考て得策であると考へる。斯る意味の了解として、「米国は日本政府の同意なくしては、核兵器を日本に持込まず又弾道弾基地を日本に設けない」と云う趣旨を理解することが適当であると思う。(38)

つまり、日本政府は、スプートニク・ショックによって高まった国内の「巻き込まれ」論を鎮静化させるため、米国との間で核持ち込みに関する事前協議制の整備が必要だと考えるようになったのである。これこそが、岸内閣が一九五八年にあらためて米国側に旧安保見直しを要請した最大の動機だった。もちろん、事前協議制の創設のみが安保改定の目的だったわけではない。外務省は、安保改定の交渉方針として次の三点の不平等性の是正を目指した。第一に、「米国は軍隊駐留の権利のみを有して日本防衛の義務を負っていないこと」である。第二に、「米国は在日米軍をその一方的決定に依り日本区域外において使用し得、従って日本が知らぬ間に戦争に捲込まれる危険があるということ」である。そして第三が、「核兵器持込に付不安があること」であった。(39)

もっとも、事前協議制の導入に成功したとしても、それだけで社会党が納得するとは、外務省は考えていなかった。事前協議制によって核戦争への「巻き込まれ」を阻止できるわけではなく、日本に米軍基地があるかぎり「巻き込まれ」論が出てくるのは不可避だというのが、外務省の認識であった。なぜなら「巻き込まれ」論は、全面講和か片面講和かというサンフランシスコ講和条約締結をめぐる議論に端を発する問題だったからである。したがって、安保改定は「中立主義を主張する勢力との決定的政治闘争となるものと判断」された[40]。

にもかかわらず、外務省と藤山外相が旧安保の修正を、最終的に岸首相が旧安保の全面改定を決断したのは、保守合同後初めての総選挙となった一九五八年五月の衆議院選挙での自民党の勝利が決め手であった。投票率が約八〇%となった同選挙において、自民党は、憲法改正に必要な三分の二議席にわずかに届かず、議席数はほぼ現状維持という結果となったが、社会党の議席増を阻止できたことは大きいと評価された。この選挙を通じて、岸は、国民の大多数が自民党を支持しているので、社会党の旧安保見直しに関する批判を押さえこめると判断したのである[41]。

マッカーサー駐日大使は八月二五日、岸首相から旧安保の全面改定を望む旨を初めてはっきりと聞かされた。岸によれば、安定した政権基盤のもと、国会で野党勢力に積極的に論戦を挑むことによってこそ日米関係の安定が得られるのであった。一九五八年時点でも、外務省は憲法上の制約があるため旧安保の改定ではなく「補助的な取り決め」を想定していたが、七月末にマッカーサーが現憲法下での条約改定が可能だと日本側に告げたことで、岸のこうした決断が可能になった[42]。

マッカーサー大使もまた、一九五八年五月の衆院選の結果から安保改定交渉の機は熟したと判断していた。マッカーサーが駐日豪州大使に行った説明によれば、日米首脳会談が開催された一九五七年の時点では、彼自身が旧安保の見直しに反対であったという。第2章で述べたように、マッカーサーの駐日大使着任以前の一九五六年九月、スナイダーが中心となって日本との相互防衛条約の締結を国務省に進言するなど、駐日米国大使館は早くから安保改定論を掲げていた。しかし、マッカーサーは着任時点では、「日本の政治が安定性を欠いていること」を理由に大使館スタッフとは異なる見解を抱いていたのである。だが、一九五八年に入って、岸政権が安定したと見たマッカーサーは、日本の求める「相互性」にもとづいた安全保障条約改定を推進する立場へと転じていた。そして、衆院選の結果によって、米国が日本を対等な同盟国として認める条件が整ったと見なしたのである。[43]

マッカーサーの考えでは、日米間の安全保障上の「相互性」を追求することは、在日米軍基地が日米関係や日本の政治に及ぼす悪影響を解決する唯一の策であった。ナッシュ・レポートは、米軍基地の存在を受け入れ国に受容させる手段として、集団防衛体制の中に基地を意義づけるよう提言していたが、日本の場合にはそれが不可能だと思われたためである。マッカーサーの判断の根拠には、第一に、戦後日本の歴代政権が、憲法第九条は日本の多国間防衛体制への参加を禁じている、との解釈をとっているという事実があった。第二に、日本の歴史的背景への洞察があった。ドイツ問題に七年間関わったマッカーサーは、ヨーロッパ諸国と共通の文化を持つ西ドイツと比較して、日本は中国やインドから文化的影響は受けても独自性を強く保ち、太平洋戦争敗戦まで外国に支配されたことがなく、地域の中で孤立した国であると分析していた。西ドイツは、再びヨーロッパ・コミュニティの一員となり、フランスと関係改善するための過程の一環として多国間同盟であるNATOに参加せねばならなかった。だが、アジアの自由主義諸国はかつて自国を侵略した日本を軍事同盟の相手国として受け入れないし、占領によって米国に軍事的・経済的に依存するようになった日本も多国間同盟を望んでいない、というのが大使の現状認識であった(44)。

大使いわく、安保改定の障害は、旧安保の権利と特権を手放したくない国防総省と米軍部の抵抗だと予測された。だが大使は、いかなる条約であっても当事国の「快諾」があって初めて運用できるという論理にもとづいて、たとえ現行の条約下であっても日本に核兵器を持ち込めるという考えは幻想だということを、軍部に指摘していた(45)。

このとき、まだ駐日大使館に配属されていたスナイダーも同じく、「最後は日本政府の同意が頼みの綱だという点で、現行の条約下で米国が享受している多くの権利など、理論的なものにすぎない」との見解をとっていた(46)。在日米軍基地の運用には日本政府の協力が不可欠であり、現状の基地問題を解決するためには日本側の望む安保改定しか方法がないという考え方は、駐日大使館の総意であったといえよう。

マッカーサーのいう通り、国務省としては、安保改定交渉に入るためには安全保障を司る国防総省やJCS、太平洋軍司令部を説得せねばならなかった。そのため、パーソンズ極東局北東アジア部長は、「日常的・政治的な理由から、現行の条約はその運用に厳格な制限がかけられている」「安保改定を受け入れれば、日本政府との協議を通じて、現在は政治的に不可能なことが可能になるかもしれない」という論理を用意していた(47)。

では、軍部の側は実際にはどのような検討過程をへて、在日米軍基地の運用には日本側の協力が不可欠であり、そのためには安保改定が不可避だという判断に至ったのであろうか。次節ではいよいよ、本書の焦点となる米軍部が安保改定を決断するまでの経緯を論じる。

3　米国政府内のナッシュ・レポート検討と安保改定

ナッシュ・レポートの政府内検討

ナッシュ・レポートは一九五八年初頭から、まずNSC企画委員会で、それからNSCにおいて検討され、OCBの場でも議論された。NSC企画委員会での討議をへてNSCに提出された「ナッシュ・レポートの主要論点」は、次の通りである。すなわち、①海外基地システムの現状と今後、②中ソ周辺へのIRBM配備、③地中海両岸諸国との条約、④中央アフリカでの基地獲得、⑤極東基地の代替肢、⑥オーストラリアへの核貯蔵、⑦ラテンアメリカ諸国の集団安全保障体制、⑧米兵犯罪をめぐる刑事裁判権、⑨カナダとの防衛責任の分担であった。NSC企画委員会で検討されたもののNSCに原案を提出する段階で削除された論点としては、NATO地域への限定的侵略の際の協力、基地の価値を共有させるための外交、沖縄問題、基地受け入れ国の防衛負担があった(48)。

沖縄問題がNSCでの議題から削除された背景には、沖縄の占領統治を維持したい軍部の強い反発が存在した。OCBスタッフが、カトラー（Robert Cutler）大統領特別補佐官（国家安全保障問題担当）に提出した覚書によれば、ナッシュ・レポートが沖縄について触れている次の箇所がNSC提出の際に削除された。第一に、在沖米軍基地の削減に関する提言、第二に、沖縄で長期的に米軍が経済的・政治的負債に直面するという見通し、そして最後に、琉球諸島をミサイル基地の候補として検討することである(49)。

最初の二つの点は、沖縄の排他的占領統治にこだわる軍部にとって不利な内容であったため、削除されたと考えられる。他方、沖縄本島以外の琉球諸島へのIRBM配備案が、JCSが一九五七年一一月二九日に作成した覚書と同内容であったにもかかわらず、NSC提出時に他の沖縄に関する提言と共に外された背景には、この是非をめぐり国防総省と国務省が鋭く対立していたという事情があった。沖縄であれば現地の同意が不要であることが、JCSが沖縄をIRBM配備の候補地に選んだ理由であったが、国務省は、米国駐日大使館の勧告をもとに、沖縄にIRBMを配備するのであれば事前に日本政府に通告する必要があるとの立場をとった。また国務省は、在沖米軍基地に核を持ち込むことに反対する日本人の圧力を考えると、沖縄以外の場所にミサイル基地を設置することを検討すべきだと主張していた。だがJCSは、沖縄へのミサイル基地設置が日本国内の政治状況に影響を与えることは認めながらも、近い将来、日本に核を持ち込める見込みがない以上、沖縄のIRBM基地の重要性は増していくとして国務省の見解に歩み寄らなかった[50]。「ナッシュ・レポートの主要論点」の⑤の極東基地問題も、削除こそされなかったものの、NSC提出にあたって論争的な議題となった。ナッシュ・レポートは極東の米軍基地、特に在日米軍基地を分散移転させ、政治的に安定している地域に基地を建設するよう勧告したからである。

これは、国務省極東局の見解と一致していた。大統領への正式な提出より早い一九五七年八月に、ナッシュ・レポートの草案を入手したグリーンは、ロバートソンへの内容報告の中で次のように述べている。すなわち、今後最低一〇年間、米国の国土の安全と世界における地位および影響力を維持できるかどうかは、海外基地および使用中の軍事施設群を適切な地域に適度に分散できるかどうかにかかっており、それは特に極東に当てはまると極東局では考えているというものである[51]。

NSC企画委員会は、一九五八年二月一三日の会合に向けて作成した原案では、ナッシュ・レポートの主張に沿った提言を用意していた。しかし、JCSが基地の分散移転という考え方に反発したことから、最終的な文言はナッシュ・レポートよりも抑制的な見解へと変貌した。まず、極東基地の分散移転は費用がかさむのに加え、それによって、「米国要塞」が西太平洋から撤退する印象を与えることとの損失は大きいと指摘された。また、米軍の極東からの全面撤退は、同盟国に対し彼らが見捨てられたと思わせ、中立化と共産主義陣営への接近につながるので問題外だとされた。重要なのは、基地の受け入れ国の政治情勢が米軍撤退という決定につながった場合の保険として、小笠原諸島、マリアナ諸島、ウリチ島、北ボルネオ島、ブルネイ、オーストラリアを確保しておくことだというのが、NSC企画委員会の主張となったのである[52]。

NSC企画委員会はNSCに対し、極東の防衛網の脆弱さとソ連ミサイルの脅威の増大から、国防総省は引き続き、最も政治的に安定した地域に基地を分散させる場合の現状の極東基地の代替肢の望ましさと妥当性を研究すべきだとする文言の採択を提言した。三月一三日のNSCの結論は、この通りのものとなった[53]。

しかし、同盟国がスプートニク・ショックによって受けた衝撃の深刻さは米国政府の予想を上回っていた。ダレスは一九五八年一月、「日本と沖縄における現在の米国の立場を安定的に維持できると思わない。もし単に条約上の権利の上に居座ろうとするだけであれば、われわれは、敵対的で親共産主義ではないにせよ中立主義的な感情を持つ日本政府に導かれた大衆の感情に、吹き飛ばされてしまうだろう」というメモを残している[54]。また彼は、三月一九日の大統領との会合でも、直近に開催されたマニラでのSEATO理事会出席の折、極東の新聞が米国を「好戦的な」イメージで描いていたことに懸念を表明した[55]。ダレスは四月に入ると、ソ連の一方的な核実験停止を受けて、何らかの対ソ行動を起こさなければ「今後数年間で日本、西ドイツ、英国を失うかもしれない」という危機感を抱くようになる[56]。

OCBも一九五八年八月二〇日、スプートニク・ショックが同盟国に与えた衝撃と海外基地への悪影響を指摘している。すなわち、一九五七年の間に米国の海外基地の地位は一層論争的なものとなったが、米軍基地の存在がその国を核戦争に巻き込むという共産主義者・中立主義者の宣伝は、今後多くの地域で米軍基地の維持を難しくすることは明白だというものであった。ＯＣＢではこの問題の重要性を鑑み、現状のもしくは将来計画されている海外基地群のうち、今後数年間でその維持が危うくなる可能性がある基地について、代替基地の研究に入るよう大統領に勧告すべきかどうかが討議された[57]。当然、代替基地にとって代わられる可能性が高いのは極東の米軍基地群であった。スプートニク・ショックは、ＪＣＳが葬り去ろうとした極東基地の分散移転というナッシュ・レポートの提言を、再び現実的課題として浮上させたのである。

安保改定の検討作業

ロバートソン国務次官補は、スプートニク・ショックによる同盟国の動揺に対するダレスの危機感を受け、一九五八年一月末、ダレスのメモをもとに国務省内での対日政策の再検討を指示した[58]。また、同年二月には、駐日米国大使館からダレスに対し、日本が一方的に米国に基地を提供させられているという日本国内の安保批判を解消するため、日本側の提案を待たず、米国から現行条約に代わる新しい相互的な条約を提案すべきだという勧告が送られてきた。これに対してダレスは、条約改定交渉に入る最大の条件は、日本に米国と協力して中ソ両国に対抗する意志があることだとマッカーサー大使に返信している[59]。

ロバートソンは四月二一日、対日政策の再評価および日米関係改善のための勧告をとりまとめダレスに提出した。その中の「旧安保に対する日本の不満」という項目では、まず、前年一九五七年の岸訪米時に、日米安全保障委員会の設立と米陸上戦闘兵力の撤退について日米両政府が合意したことで、日本側の安保改定の圧力は鎮静化したと述べられていた。にもかかわらず、極東局の結論は、「岸が政権の座にいる間に、日本人がより受け入れやすいように条約関係の調整を模索し、現在は失われている日本におけるわれわれの地位を安定化させることが、米国の最大の利益であることは明白になりつつある」というものだった[60]。つまり、日本が再度、旧安保の見直しを要請してくるタイミングよりも早く、極東局は、岸が首相の間に安保改定交渉に踏み切る必要があると判断したことになる。

ただし、どの時点で安保改定を行うのかについて、すぐにでも全面改定を行うべきだと主張する米国駐日大使館と、日本側の提案を待ち、かつ日本の安全保障上の目的が米国と一致するまでは決断しないとする国務省極東局の間で、見解の相違が存在した[61]。極東局の慎重姿勢の理由は、安全保障政策に関わる問題である以上、日本政府の求める安保改定の条件に国防総省が同意しない限り、実際の交渉に入れないという事情によるものであった。

だが、現状の海外基地を維持したい軍部にとっても、米国政府内の議論は、前述の通りスプートニク・ショックによって望ましくない方向へ向かおうとしていた。軍部がついに方針転換を行ったのは、日本側が再度、旧安保見直しの提案を行ったときである。太平洋軍司令部は六月一九、二〇日に、藤山・岸が「安保改定を含め、基本的な安全保障問題についての真剣な内密の議論」を行いたい旨伝えてきた、との報告をマッカーサー大使から受け、七月一日、安保改定の研究報告を海軍作戦本部とＪＣＳに送った。この報告の内容は、太平洋軍としての基本的立場を明らかにしたものである。実際の交渉に対する同軍の立場、具体的にいえば、旧安保の部分修正か全面改定か、それとも新条約が望ましいのかに関する見解は、あらためて八月二〇日に太平洋軍司令官発文書としてＪＣＳに送られた。

太平洋軍司令部は七月一日に送った報告で、駐日大使の情報をもとに、日本政府としては米国との間で相互防衛を行うだけの実力が自国にまだないことは認識しているが、政治的圧力の下、岸改造内閣において安保改定に取り組む予定のようだと述べた。また、駐日大使も安保改定の機は熟したと考えていると説明している。そして、同軍司令部は、前年の日米首脳会談での合意を受けて、この六月末までに在日米軍陸上戦闘兵力の撤退が完了し、日本側は今後さらなる米軍削減の要求をしそうにないので、安保改定交渉では在日米軍の削減は議題とならないだろうと述べた。その上で、旧安保で日本一帯への米軍配備や基地使用に関する無制限の権限を得ていても、有事に日本政府・国民の協力がなければ、部隊の追加配備やそのための施設確保は不可能であり、日本側の協力が期待できない現状では、既得権益の温存は最優先課題ではないと指摘した。これは、ナッシュ・レポートの指摘と同じものであった。そして、太平洋軍司令部は、安保改定交渉は米国が軍事的に不利益をこうむるものではなく、いかなる改定でも旧安保下の特権に制約をもたらすことを理解した上で、日本側の要請を受け入れて安保改定交渉に入るべきだと結論づけたのである(62)。

同時に、太平洋軍司令部は、安保改定交渉にいくつかの条件を課していた。主な条件は、これまで変わらぬ米軍の駐留の保証と緊急時の在日米軍およびその施設の使用、そして、それらに対する日本側の支援であり、これが満たされるのであれば、日本政府が望む米国の対日防衛義務や有事の日米協議を受け入れられるとした[63]。また、日本の防衛力増強が遅れているので、その達成度に合わせて予定されている在日米軍の撤退を行うとした[64]。軍部はかねてから、日本の防衛力が不十分であることを理由に安保改定に反対してきたが、ここで、自衛隊の増強と歩調を合わせて在日米軍の撤退を段階的に行うという方針に転換したのである。

他方、安保改定の最大の問題である在日米軍基地への核持ち込みをめぐる事前協議制については、太平洋軍司令部は、米軍が日本に核を持ち込まないという保証を与えることは絶対にすべきではないと主張した。ただし、アイゼンハワーと岸との間で秘密議定書によって、「日本防衛に核兵器が不可欠だと米国が考える場合には、核兵器の密かな持ち込みを認める」のであれば、口頭で米軍は核を持ち込まないという保証を行ってもよいと判断している。さらに、安保改定交渉を沖縄施政権返還と結びつけることは、一切認められないとの立場をとった[65]。

海軍作戦本部は、七月一日に太平洋軍司令部から研究報告を受け取ると、七月三一日にはＪＣＳに対して同文書の見解に賛意を示した[66]。

同時に、七月三一日とその翌日に、マッカーサー大使から藤山外相との会談報告を受けた国防総省は、ＪＣＳに対して八月八日、次の点について意見を求めた。まず一点目として現行条約の変更を認めるべきか、二点目として条約・行政協定両方の再交渉を認めるべきか、そして最後に現行条約・協定の全面改定もしくは部分修正、または新条約の作成のいずれが望ましいか、という問題の照会がなされたのである[67]。

八月二〇日には太平洋軍司令部からＪＣＳに、安保改定の具体的内容に関する提言が届いた。太平洋軍司令部は、行政協定の修正につながるなどの理由で一から新しい相互防衛条約を作ることには反対したが、部分修正では現状の問題の解決にならないとして、米国側が用意した草案にもとづいて交渉することを前提とした旧安保の全面改定を提案した[68]。

ＪＣＳは九月五日、国防総省の指示を受けて安保改定に関する見解をまとめた報告書を作成し、九月一〇日に正式に国防総省に提出した。ただし、九月一一日にダレスと藤山が会談を持つことになり、スプレイグ（Mansfield D. Sprague）ＮＳＣ顧問が、ダレスに国防総省の見解を伝えるために至急ＪＣＳの検討結果を提出するよう指示したので、ＪＣＳは九月八日にいったん報告書を提出している[69]。

ＪＣＳは九月八日に提出した報告書にて、以下の三点を条件に現行条約の変更に同意した。第一に、米軍は自らの判断で日本から撤退することができ、また自衛隊の防衛力の漸進的増強に応じて撤退するとの了解の下で、日本に駐留しているすべての米軍の駐留と作戦行動を引き続き認めることである。第二に、行政協定は修正しないことである。最後に、アジアの自由主義諸国に対する共産主義者の侵略を日本の脅威と見なし、これに対抗するために日本国内の米軍およびその施設の使用を認めることである。これは、国連の下での軍事行動の場合でも同様だとされた[70]。

その上で、ＪＣＳとしては、「議会の同意が必要ない現行条約の修正に留めることを、国防総省の見解とすべきだと考えているが、適切な見返りが得られるのであれば、新たな条約に向けた交渉を行う上で決定的な軍事的障害は存在しない」と提言した。日本側が求めている事前協議制の創設について、ＪＣＳは、在日米軍の再配備や作戦行動に関する日本との事前協議は認められるとしたが、日本側に拒否権を与えることはできないとの見解を提示した。最後に、最大の難問である核搭載艦船の寄港を含む核兵器の日本持ち込みについて、ＪＣＳは「日米双方が満足できる解決策はない」と分析した。そして、「現状維持」すなわち、核爆弾から核弾頭を除いた非核コンポーネントの貯蔵と核搭載艦船の寄港を日本政府が黙認している現状を続行することが望ましいと、結論づけたのである。(71)

国防総省側は、ＪＣＳの文書の正式な提出を待たずに九月九日の国務省との話し合いにおいて、ダレスが一一日の藤山外相との会談で、米国は相互防衛条約と関連協定の検討の準備ができたと確約を与えてよいと述べた。(72)

ダレスはこれを受けて、藤山との会談当日にアイゼンハワーへと、国務省と国防総省が旧安保の再交渉に関して合意に達したことを説明し、安保改定は「日米関係を強化し、耐久的・恒久的土台を築くことになる」と強調した。(73)そして、藤山との会談では、現行条約を交渉して成立させたのは自分だが、何かより良いものができるのであれば条約の変更に尽力するにやぶさかでないと、安保改定交渉に応じることを告げたのである。(74)

4　在日米軍基地の再定義

太平洋軍司令部および海軍作戦本部は、日本との安保改定交渉に対する立場を明確にする作業と並行して、今後の中長期的な在日米軍基地に関する方針を提示するようJCSに求めていた。そこで、JCSは一九五八年二月・八月の海軍作戦本部のそうした要請に応じて、同年九月二六日、「日本における基地権上の要求」と題した研究内容をまとめ、太平洋軍司令官に送った。[75]

同研究は、①個々の米軍施設、②米軍の兵力水準、③一度撤退した基地への再入権、④核兵器の持ち込み、に関して在日米軍基地がどのように維持されるべきかを検討したものである。[76]このうち、軍部の安保改定に関する判断に関わった③④について見ていきたい。

まず、JCSは基地の再入権について、安保条約が効力を保っている限りそのような権利の利益は短期的かつ微々たるものにすぎないと指摘した。JCSは、基地の再入権の維持は中長期的には安保条約の有無にかかわらずむしろ不利益になるという。まず、一度退去した軍事施設は戦略、兵器、機動性、そして部隊の分散配置上、役に立たない可能性が大きい。次に、そうした権利の維持は、米軍が退去した施設を日本の自衛隊や民間機関が再利用できる余地を制限することになり、在日米軍の削減によって日本に防衛力増強を促すという目的の失敗につながる。さらに、権利を維持するには、施設の保全計画に米国が関わらねばならなくなる。[77]

ＪＣＳが強調したのはむしろ、燃料の貯蔵施設や弾薬庫、その他極東地域への供給・備蓄源となる施設等を維持する権利の重要性であり、日本以外の極東地域のためにこうした貯蔵を維持できる、安保条約上の条項を得ることが建設的努力の名に値するのであった[78]。在日米軍司令部を筆頭に軍部は、一九五七年六月の日米首脳会談で決まった日本の米陸上戦闘兵力削減・撤退の条件として、基地の再入権にこだわり続けてきたが、ＪＣＳはその軍事的意義をここで明確に否定したのである。

それから、日本への核兵器の持ち込みについて、ＪＣＳは次のような立場を明らかにした。すなわち、ＮＳＣの方針は、米国の核兵器が自由世界の総合的武器であり、必要に応じて迅速かつ選択的に使用することを同盟国に認めさせる努力を継続するというものだが、現時点で日本に核兵器を搬入する予定はない。現在の日本の政治情勢下では、近い将来に日本への核持ち込みが可能になると考えるのは楽観的すぎる。そこで、海上施設もしくは米国管理の下で核兵器の貯蔵・配備ができるような場所、具体的には日本本土の港に寄港している空母に核兵器を配備する予定であるというものである[79]。すでに一九五〇年代初期から、横須賀、神戸、佐世保といった港に寄港した空母には通常、核兵器が搭載されていた。さらに、空母が率いる機動部隊を構成する駆逐艦や巡洋艦も核を装備し、有事には中国領内の核攻撃目標に大量の核兵器を発射する任務を負っていたのである[80]。

ＪＣＳが示した新たな方針は、在日米軍基地の役割をより限定的に定義したという点で画期的であった。折しも、八月末に第二次台湾海峡危機が勃発していたこの時期に、在日米軍基地の再入権の重要性を否定したということは、アジア有事の際、日本本土に出撃部隊となる戦闘兵力を追加配備する可能性が限りなく低くなったことを意味した。すなわち、ＪＣＳは、在日米軍基地の役割を基本的には兵站・補給基地と位置づけたのである。

在日米軍基地が、アジア有事の際の出撃基地としての役割を相対的に低下させたことで、日本国内への核の貯蔵も不可欠ではなくなった。在日米軍基地は、核搭載艦船が補給を行うために寄港する拠点としての役割を果たせばよいとされた。

ＪＣＳによる在日米軍基地の再定義は、第1章で論じた通り、極東米軍再編の過程で陸上戦闘兵力がすべて日本から撤退し、また、第二次台湾海峡危機を受けて日本本土に駐留していた米空軍が出撃拠点を沖縄に移す中で、可能になったといってよい。米軍部が安保改定に関する方針転換を決断したのは、ナッシュ・レポートが提言した極東基地群の分散移転案が政府内で検討されることを回避するための策であったが、あわせて在日米軍基地の再定義にまで至るには極東米軍再編がなければ難しかったであろう。

これによって、在日米軍基地の維持という問題は一応の解決を見ることになった。日米両政府間で安保改定交渉が開始してまもない一九五八年一一月、国務省は、多くの基地が返還されて日本における深刻な土地問題がもはや存在せず、安保改定交渉も進んでいる以上、在日基地の代替基地の議論は不要となったとの認識を示している。[81] 安保改定は、米国政府にとって、在日米軍基地の安定維持を図る最善の政策として、受け入れられたのである。

米国政府が安保改定交渉に入ると決断したことを歓迎したのは、日本政府以上にオーストラリア政府であった。一九五八年九月、オーストラリア外務省のブレナン（Keith Brennan）外務審議官は、訪米してダレスと会談し、ダレスが「日本の立場を完全に理解し、安保改定のための公開討議に同意して、交渉を主導」しようとしていることを支持した。だが、ブレナンは翌一〇月、今度は東京のマッカーサー駐日大使と会談して、日本国内の動きが交渉の妨げとなる可能性に懸念を示している。彼から見た問題は、日本が米国との間に対等な権利を求めながらも、あくまで現行憲法の枠内でしか安全保障上の義務を負えないことにあると思われた。それでもブレナンは、米国側が日本側の事情を理解しているので最終的に交渉は妥結するだろうと結論づけた(82)。ブレナンの予想は、非常に的確であった。

小　括

本章では、ナッシュ・レポートが提起した海外米軍基地と同盟国との間の諸問題をめぐる政府内の対立の様相を、在日・在沖米軍基地の問題を中心に取り上げた。

ナッシュ・レポートが不安定な極東基地群の分散移転を提言したことは、国務省には支持されたが、極東の戦略的重点拠点である在日・在沖米軍基地を維持したいＪＣＳには受け入れがたかった。ＪＣＳは、いったんはＮＳＣにナッシュ・レポートの極東基地群の分散移転案に否定的な見解を採用させようとし、それに成功した。だが、スプートニク・ショックによる動揺が日本をはじめとする同盟国の間に広がり始めると、今後数年間でその維持が危うくなる可能性がある基地を別の場所に移すことが、OCBで議論されるようになり、真っ先に移転の対象となる公算が大きいのは、ナッシュ・レポートが最も脆弱だと評した極東基地群であることが明白になった。

これこそが、軍部が安保改定を容認する決定的要因となった。軍部にとって、旧安保の既得権益を維持することよりも、既得権益を損なっても日本との間の基地問題を解決し、在日米軍基地の移転の可能性を排除することのほうが重要となったからである。安全保障政策の拒否権を持つ軍部が、安保改定を在日米軍基地維持のためには不可欠と見なしたことで初めて、国務省は日本政府の要請に応じて安保改定交渉に入ることができたといえよう。

また、JCSが安保改定承認の決断とあわせて在日米軍基地の再定義を行ったことは、次の二点から、米国政府が安保改定交渉に入る上で重大な意味を持っていた。

第一に、在日米軍基地の重要性を限定したことで、米軍部にとっての安保改定の目的が、それ以前のいかに米国側の軍事的利益を獲得するかということから、いかに米軍基地に対する日本側の不満を解消するかということに変化した。原彬久や植村秀樹は、米軍部にとっての安保改定の目的は在日米軍基地の維持にすぎなかったとするが、第2章と本章で論じてきたように、米軍部は一貫してそうした考え方だったわけではないのである。

第二に、在日米軍基地の役割が、基本的に兵站・補給基地であることが明確にされたことは、安保改定交渉で最大の焦点となる事前協議制や行政協定の全面改定をめぐり、米国側の譲歩を可能にした。

そして、これらの変化は極東米軍再編がなければ起きなかった。アジア冷戦の変化、日本や沖縄における反基地・反核感情の盛り上がり、そして、米ソの力関係に対する同盟国の認識を変えたスプートニク・ショックといった要素が、総合的に絡み合った結果、安保改定交渉が開始されたのである。

第4章

安保改定交渉の帰結

はじめに

本章では、一九五八年一〇月に開始した安保改定交渉において、事前協議制と行政協定の全面改定という二つの問題を中心にすえ、岸信介政権をめぐる日本国内の政治情勢や、国務省と国防総省・軍部といった米国内の意見対立が、新条約の内容にどのような影響を与えたのかを論じる。

第3章で述べたように、米軍部は、安保改定交渉を受け入れる条件として、事前協議の際には日本側に拒否権を与えないことや行政協定の改定をしないことを要求していた。また、岸内閣も、交渉開始の時点ではこれらの問題を争点とするつもりがなかった。ところが、一九五九年に入ると、岸政権は国内の圧力によって、行政協定の全面的な改定と事前協議制における日本側の拒否権の明記を米国側に求めざるをえなくなる。最終的には、行政協定は日米地位協定へと全面的に改定され、また、新条約調印時の日米共同声明には、「事前協議にかかる事項については米国政府は日本国政府の意思に反して行動する意図のないことを保証した」という一文が挿入された。

事前協議制に関する先行研究では、岸政権が、事前協議制の創設とあわせて日米間で密約を結ぶことで、核搭載艦船の寄港を事前協議の対象外としたい米国側と妥協を図ったといわれてきた(1)。すなわち、岸政権は意図的に、国民に隠れて事前協議制に例外を設けたという見方である。これに対して本章では、米政府の公文書をもとに、米国側が最初から日本側の理解を求めずに言質だけとる方針で、安保改定交渉に臨んだ事実を明らかにする。

また、行政協定の改定に関して、先行研究は、全面改定が実現した理由を日本国内の政治状況や外務省の巧みな交渉手腕に求め、米国政府内でどのような検討がなされたのか論じてこなかった。そのため、米軍部の反対にもかかわらず、なぜ米国政府が最終的に日本側の要請を受け入れたのかは不明であった。したがって、本章では、交渉が開始された後、米国政府内で行政協定改定をめぐってどのような議論が行われたのかについても分析する。

さらに、安保改定交渉の時期に、在沖米軍基地をめぐって日米両国でどのような議論が展開されたのかについても、あらためて確認したい。一九五七年に訪米した岸首相が、米国政府に対し、旧安保の見直しと沖縄施政権返還を同時に求めたのは、彼にとってこれら二つの問題が、国内政治上の論理からすれば、どちらも「占領からの脱却」の象徴だったからである。だが、米軍部にとっては、安保改定によって在日米軍基地の運用がそれ以前よりも制限されることで、米軍の直接占領下にあるため基地を自由に使える沖縄の重要性は一層増した。したがって安保改定は、米軍部が沖縄の排他的統治を強化し、在沖米軍基地を拡充する動機となったのである。本章では、沖縄をめぐるそうした軍部の見解が、安保改定交渉にどのような影響を及ぼしたのかについても考察する。

1　安保改定交渉の流れ

個別の論点に入っていく前に、まずは安保改定交渉の全体的な流れを概観したい。

一九五八年一〇月四日に米国側から日本側に安保改定案が渡され、両国間の交渉が開始して第一関門となったのは、新安保条約第三条の防衛力増強の義務に関する規定であった。米国政府の草案には、米国が同盟国との間で集団的防衛関係に入る条件として、同盟国に「継続的、かつ効果的な自助および相互援助」の義務を課すという、米上院が定めたヴァンデンバーグ決議の内容が盛り込まれており、相互防衛の形式をとっていた。それに対して、外務省は一一月二一日、マッカーサー米国駐日大使に提示した最初の対案でヴァンデンバーグ条項の削除を試みた。しかし、大使が、それならば改定交渉をやめるとまで言ったため、日本側は、翌一九五九年三月までに米国側の要求に従った修正を余儀なくされる(2)。

第三条と呼応する第五条における条約区域の規定も問題となった。米国政府の草案は、新安保条約の適用範囲を「太平洋地域」とし、同地域での米国に対する武力攻撃を共通の危険と認めて対処することを定めていた。しかし、日本政府は一九五四年に自衛隊を創設するにあたって、憲法第九条が海外派兵を禁じているため、集団的自衛権は行使できないという政府見解を打ち出し、歴代政権もこれを踏襲してきた。そこで、海外派兵を連想させる「太平洋地域」は、日本政府の要求で

「日本国の施政下にある領域」に改められ、「日米いずれか一方に対する武力攻撃」を共通の危険と見なして、「憲法の規定と手続きに従い」対処することとされた。一方、岸首相が当初希望していた、沖縄・小笠原諸島を条約区域に含めるという日本政府の構想は、この論点をめぐる国会の与野党対立が憲法問題にまで発展したため、岸首相自らこれを取り下げることとなる(3)。

新安保第五条をめぐる議論の影響を受けたのが、第六条の基地許与に関する規定である。国防総省は、日米両政府が安保改定交渉に入るにあたって、マッカーサー大使に対して、三項目からなる同省の立場を指示した。その一つが、「自由アジアに対する共産主義者の侵略の際の在日米軍基地使用は、日本にとっての脅威(への対応)と見なす条項を設けること」であった。その他の二つは、米軍の日本への継続的駐留を保証することと、日米行政協定で規定されている米軍の権利・特権を無修正で残すことである(4)。

国防総省の要望を受けて、マッカーサーおよび国務省は、集団的自衛権を行使できるのは「日本国の施政下にある領域」に限定する(ただし、日本政府は現在に至るまでこれを「個別的自衛権」として説明している)代わりに、在日米軍基地の使用の対象地域を制限させまいとした。米国側は当初、第六条に「太平洋地域」防衛のために米国が日本の基地を使用できる、という文言を入れようと試みたが、日本政府がこれを断固拒否したため、太平洋に替えて「極東」という概念を採用することで妥協する(5)。

交渉最大の難関となったのは、事前協議制に関する日本側の拒否権の明記と、行政協定の全面改定という二つの問題であり、一九五九年に入ってから、自民党反岸派の批判によってこれらが交渉の俎上に上がったことは、交渉の中断と予想外の長期化につながった。

当初、米国側は、日本への核持ち込みと有事の在日米軍基地使用を事前協議の対象とし、また、事前協議の方式に関する取り決めは条文ではなく、交換公文に明記することを提案、岸首相・藤山愛一郎外相も基本的に了承していた。米国側は交渉の中で、海軍艦船の定期的な出入りなどの「米軍や装備の配置に関する現行の手続き」が、事前協議の対象とならない点を日本政府に確認し、日本側はこれについても異議を唱えることなく同意していた(6)。また、マッカーサー大使が交渉序盤で、行政協定の改定は交渉の長期化につながると警告したこともあり、岸政権は当初、行政協定の改定は要求しない方針をとっていた(7)。

ところが、一九五九年に入り、河野一郎、三木武夫ら自民党内の反岸派が、行政協定の全面改定および事前協議制の日本側拒否権が実現しなければ安保改定を支持しないと言い出し、岸政権は、行政協定改定と事前協議制の再交渉を米国側に求めざるをえなくなった(8)。

日本政府が米国側に行政協定の全面改定を要請したのは一九五九年三月、事前協議制における日本側の拒否権の明確化を要請したのは同年一〇月となり、さらに、事前協議制をめぐり米国政府との間に妥協が成立するのは、一九六〇年一月の調印直前にまでずれこんだ。最終的には、岸・アイゼンハワー共同声明に、「事前協議にかかる事項については米国政府は日本国政府の意思に反して行動する意図のないことを保証した」という一文を挿入することで、折り合いがついたのである(9)。

2 新安保条約の沖縄への適用

ここからは、安保改定交渉で焦点となった個別の論点を取り上げていく。論点は、大別して沖縄問題、事前協議制、行政協定の改定の三つである。

第一に、沖縄の存在は交渉の中でどのような問題として浮上したのだろうか。一九五七年六月一八日、沖縄の現地米軍当局は、「ナイキ・ハーキュリーズ」の基地を新設するために沖縄本島南部の知念、佐敷、具志頭、中北部の読谷、恩納、金武、具志川、勝連、与那城、宜野湾一帯で軍用地の新規接収を行うという計画を発表した。ナイキは、通常兵器と核兵器の使い分けができる核非核両用の高空迎撃ミサイルである。ナッシュ・レポートでは、日本人に核兵器を受け入れさせるのに最適な兵器として、日本配備も勧告されている[10]。結局、日本本土へのナイキ配備は実現しなかったが、沖縄には一九五九年から配備された。

一九五四年三月に判明した軍用地接収計画に続く、さらなる接収計画の発表に対する地元の反発は、一九五八年一月の那覇市長選挙で、反米主義者と見なされていた兼次佐一が当選する結果につながる。前市長の瀬長亀次郎が、反米主義者とされて米軍の介入で二度も市長の座を追われ、瀬長の後任を決める市長選にも米軍が干渉したにもかかわらず、兼次は当選を果たした。この選挙結果は、ダレス国務長官と国務省極東局に強い衝撃を与え、彼らが沖縄の占領統治政策の見直しに着手する契機となった[11]。

ダレスは一九五八年四月一日、アイゼンハワー大統領に対して、沖縄本島内に米軍が占有する「飛び地」を確保した上で残りの地域を日本に返還するという、「飛び地返還」案を提起した。同案への大統領の支持を得たダレスは、ロバートソン国務次官補（極東問題担当）に具体的な検討を命じる[12]。

一方、米軍部は同時期、こうした国務省の動きとは逆に在沖米軍基地の強化を進めようとした。JCSは一九五七年一一月末、スプートニク・ショックへの対応策として、沖縄を中距離弾道ミサイル（IRBM）の配備候補先として検討し始めたのである。一九五八年後半までに米国でIRBMの実用化が成功し、早速イギリスへのIRBM配備が始まると、沖縄へのIRBM配備の検討も本格化した。これに対して国務省は、沖縄へのIRBM配備には日本への通告が必要との立場をとり、日本が沖縄への核兵器持ち込みに反対していることから、沖縄以外の場所へIRBMを配備するよう求める。だが、JCSは、譲歩の余地はないという姿勢をとった[13]。

そこで、ロバートソンは一九五八年四月一一日、沖縄の施政権返還について一から検討した結果として、軍部への配慮という観点からもダレスの飛び地返還構想を支持した。ロバートソンは、施政権を返還する場合には、日本人が沖縄での米軍の権利を本土並みに制限せよとの圧力を強めることや、IRBMの沖縄配備への日本側の強い反発が予想されることなどから、飛び地返還が望ましいという見解を示したのである。ただし、飛び地返還の場合には、新規の軍用地接収が可能な仕組みをあわせてつくることが前提とされた[14]。

一方、ダレスから飛び地返還案についてのコメントを求められたマッカーサー大使は、四月一五日に返答し、同案は長期的に検討すべきだとの立場を打ち出した。彼は、日本政府が同案に同意する可能性は高いとしながらも、日本政府が米国側に軍用地の接収権を認める可能性は低いので、まずは島ぐるみ闘争の原因である軍用地代の一括支払い政策の中止が先であり、沖縄返還は時間をかけて検討すべきだとダレスに進言した[15]。

ダレスは、彼らの見解を両方とも採用した。そして四月一七日、アイゼンハワーに対して、軍部は沖縄の飛び地返還を実施するための三~五か年計画を作成し、準備を進めるべきだと提言した。そこで、大統領はダレスに対して、自分が沖縄返還準備を承認しており実行しなければ沖縄情勢が悪化することを、マッケルロイ（Neil H. McElroy）国防長官に伝えるよう指示する。大統領が恐れていたのは沖縄の「キプロス化」であった。すなわち、当時イギリスの植民地であったキプロス島で、ギリシア系住民とトルコ系住民が独立を求めて激しい反英運動を展開していた状況が、沖縄でも起こることを避けたかったのである。ダレスから大統領の見解として、米軍基地を沖縄本島のどこか一カ所に集中させるという提案を聞いたマッケルロイは、これに理解を示し、飛び地返還案の具体的検討を陸軍省に命じた[16]。

しかし、軍部の姿勢は強硬であった。五月一日にＪＣＳが国防総省宛に作成した「沖縄の戦略的重要性」と題する覚書は、以前に作成されたものの焼き直しだが、軍部の沖縄に関する見解が集約された内容といえる。

ＪＣＳによれば、太平洋地域の戦略的支配を効果的に維持しなければならない米軍が、防衛および攻撃を自由に展開できる作戦基地が沖縄であった。外国の主権を政治的に処理する必要のない沖縄があればこそ、米軍は核攻撃を要する全面戦争やその他の緊急事態において、何の拘束も受けずに迅速に出撃できる。もし沖縄が日本に返還されると、（在日米軍基地同様に）最も大事な場面で米軍が基地を使えない事態が生じかねない。核兵器についても、日本政府との交渉が不要であることが沖縄にＩＲＢＭを配備する理由であり、近い将来に日本への核持ち込みが可能になるとは思われない以上、核基地として沖縄を確保する必要があるというのであった[17]。

沖縄占領にこだわる軍部は、日本側が前年に続いて一九五八年六月に再度、旧安保見直しの提案を行うと、「安保改定交渉を沖縄施政権返還と一切結びつけない」ことを、交渉開始の条件の一つとして提示した[18]。また、沖縄住民に対する軍用地代一括支払い方針を放棄し、住民が望んでいるように土地の賃貸借契約を結んで賃料を毎年支払う方針に転換する一方、同年九月に、沖縄で使用する通貨をＢ型軍票（Ｂ円）から米ドルに切り替え、日本と沖縄の経済・文化関係を断とうとした[19]。米軍の占領統治に対する住民の不満を緩和すると同時に、日本の影響力を弱めて米国の支配を強化しようという意図である。

こうした状況下で、一九五八年一〇月から始まった安保改定交渉において、新安保条約の条約区域内に沖縄を含めるかどうかが、早々に問題となった。

というのも、最初の米国草案では、条約区域は「太平洋地域」とされていたが、交渉開始後、日本側は集団的自衛権との関連でこれに難色を示した。そこで、マッカーサー大使は一度は、日本側の希望する「日本本土と沖縄・小笠原」に条約区域を変更することを考え、ダレスに働きかけた。だが、そうした最中、岸は国会で「沖縄・小笠原が条約の防衛範囲に入る」ととられる答弁を行い、安保改定批判の糸口を探す野党から、米軍統治下にあり日本の施政権が及ばない沖縄・小笠原に対する日米共同防衛は憲法違反だと追及される。岸が、野党の追及をかわすために、沖縄・小笠原を防衛すれば「アメリカが持っておる包括的な、排他的な施政権というものはそれだけへこむ」と釈明すると、マッカーサーは警戒した。岸が、条約区域に沖縄・小笠原を含めることで、施政権返還を目指しているのではないかと疑ったのである。そのため、マッカーサーは本国政府に対し、今度は逆に条約区域に沖縄・小笠原を含めないよう具申するに至る。外務省や岸も、国会論争のこれ以上の紛糾を避けようとマッカーサーの方針に同意したため、最終的に、条約区域は「日本国の施政下にある領域」と定義された[20]。

国務省極東局のグリーンは、日本政府が、当初は条約区域に沖縄・小笠原を含めることを希望していたのに、結局はその除外を望むようになった最大の理由は、国会論争が白熱して、沖縄が米軍の核基地であることに議論が及ぶのを恐れたからだと見ていた[21]。グリーンの見解の背景には、社会党が当時、「核非武装地帯決議案」の成立を目指していたという政治状況が存在した。社会党は、日本の核武装および米国の核兵器の日本持ち込みを禁止すると同時に、沖縄・小笠原に関しては、新安保条約の防衛範囲に入るかどうかを議論するのではなく、返還そのものを米国に要求すべきだとの主張を打ち出していたのである[22]。

もっとも、外務省の実務責任者として安保改定交渉に携わった東郷文彦は、後に、条約区域に沖縄・小笠原を含めることを断念した理由として、同案に対し「国内いずれの方面からも支援を得られなかった」ことを挙げている。東郷によれば、当時、おおまかにいって沖縄・小笠原を含めることには二種類の反対論があったという。一つは、「アメリカが日本から施政権を奪っておきながら、武力攻撃のあった場合に日本に一緒になってこれ（=沖縄）を防衛せよと言うのは筋違い」だとの議論であった。もう一つのより強い反対論は、「沖縄が条約区域に入って日本が防衛の義務を負うことになると、米韓、米台、米比各条約で沖縄は米国の統治下にあるが故にそれぞれの条約地域となっており、従って沖縄を要として北東アジア条約機構と云ったものが出来上がってしまう」というものであった。東郷は、「沖縄に関する国民感情もはかないものであると思った」と、沖縄返還を求める世論が条約区域の再設定をめぐる交渉の追い風とならなかったことに、失望を表明している[23]。

一方、新安保条約の条約区域に沖縄・小笠原を含めるか否かに関して、マッカーサーの方針転換を決定づけたのは米軍部の強い反対であった。海軍作戦本部は、日本本土以外の地域で日本が米国に対する「危険」を排除するために「行動」することが、日本国憲法で制限されている以上、日本が防衛責任を果たせない沖縄・小笠原を安保条約に含めるべきではないと主張した[24]。ＪＣＳも、岸の国会での発言に注目しており、沖縄・小笠原を条約区域に含めることは日本がこれらの諸島に対する施政権を取り戻すための政治的梃子となる、という理由から、沖縄・小笠原を条約区域から外すよう国防総省に進言したのである。[25]

沖縄の政治指導者たちが条約区域に沖縄を含めるよう動いたことも、米国政府側の警戒心を煽ったといえる。現地政府の行政主席であった当間重剛や民主党は、沖縄を条約区域に含めることで施政権返還の足がかりをつくることができると考え、経団連や米国那覇総領事館に訴えていた。[26]

しかも、一九五九年に入ると、沖縄問題に対する国務省の発言力は弱まっていったと思われる。国務省の長というだけではなく、アイゼンハワー政権の外交・安全保障政策の策定から実行までを一身に担い、政権の実質的ナンバー2であったダレスが、病気で政務に専念できなくなったからである。彼は、一九五九年四月にはついに国務長官の職を辞し、五月に死去した。

ダレスの死から間もない六月五日、ブース（Donald P. Booth）琉球軍司令官は、ダレスが提案した飛び地返還案の検討結果を報告したが、同案に対してきわめて否定的な評価を下していた。JCSはこれを支持する旨をマッケルロイ国防長官に伝え、マッケルロイは大統領に対し、飛び地返還案には、大規模な住民移動・土地接収・建設コストが必要とされるといった問題があると報告した。それによって、アイゼンハワーは同案を断念するに至った。[27]

こうして、安保改定交渉の進展の中で、沖縄は引き続き安保条約の枠外に置かれることが確定し、しかも日本本土との経済・文化関係を切断するような施策がとられ、米軍の核基地として整備されていくのである。

3　事前協議制

戦闘作戦行動の自由

安保改定交渉に影響を与えた国際環境要因として重要なのが、第二次台湾海峡危機である。一九五八年八月二三日、中国人民解放軍が金門島への砲撃を開始し、第二次台湾海峡危機が勃発した。ダレスは九月五日、金門・馬祖防衛が台湾防衛と密接に関連しているという認識を示し、中国との外交交渉を継続する一方で、解放軍の攻撃に対する反撃もありうるとの方針を発表する。実際には、アイゼンハワー政権としては、中国への反撃は国内外から支持を得られそうもないので、国府に非戦闘的援助を行いながら中国の戦闘行為を停止させるための交渉を模索する構えであった(28)。

安保改定交渉が第二次台湾海峡危機の最中に開始されたことは、当然に米軍部の交渉方針に影響を及ぼした。国防総省はJCSの提言を容れ、これから交渉の始まる新条約に、「『日本の安全が脅かされるような場所にある』自由アジア国家が、共産主義諸国の侵略を受けた際」、日本政府に在日米軍基地・施設の使用を認めさせる条項を設けるべきだという方針をまとめる(29)。

このとき米国は、国府からの米軍支援の要請を断り、国府軍が自力で金門への補給作戦を成功させ、解放軍の攻撃が停止するのを待つ姿勢をとっていたが、水面下では横須賀・佐世保に寄港する第七艦隊の台湾派遣をめぐり日本政府と複数回にわたる協議を行っていた[30]。アイゼンハワーは危機勃発直後の八月二九日、国務省、国防総省、JCSなどの関係者を集めた会議を開催し、国府軍による金門への海上輸送の護衛を米軍艦船が実施することを決定した[31]。その関係で、第七艦隊の移動に関して日本との協議が必要となったのである。

しかし、念願の安保改定交渉の開始にこぎつけた岸政権にとって、第二次台湾海峡危機は天災でしかなかった。同危機が日本のメディアに注目されることで、交渉に悪影響が出ることを恐れる日本の外務省は、米国から国府支持を表明するよう要請されたが断り、紛争の平和的解決を希望する旨の表明に留めるなど消極的対応に終始した。九月七日に、ソ連のフルシチョフ（Nikita S. Khrushchev）書記長からアイゼンハワーに対して、中国への攻撃はソ連への攻撃と見なすという核の恫喝を交えた書簡が送られると、日本はそれ以前よりは米国の立場に協力的となる[32]。だが、日本は結局、台湾海峡危機に対応した在日米軍基地の使用を許容する態度を見せなかった[33]。

国防総省は、JCSの主張を採用したものの、このような姿勢をとる日本が新安保条約で台湾有事の際の在日米軍基地使用を認める可能性があるとは、国務省との話し合いの末にも確信が得られなかった。むしろ日本政府は、日本が直接関与しない有事において、在日米軍基地を使わせるかどうかについての発言権を持とうとすることが予想された。だが国防総省は、安保改定交渉で日本がそのようなことを試みるのを阻止し、日本近隣の「自由アジア国家」が侵略を受けた際に日本の協力が保証されるよう、あらゆる手立てを講じる必要があると考える[34]。

そこで国務省は、新安保条約とは別に、在日米軍の域外行動の自由を保証する交換公文を日本と取り交わすことを考える。マッカーサー大使は、一〇月四日に藤山外相と交渉を始め、核兵器の持ち込み問題と在日米軍の日本領域外使用の解決のためとして、二項からなる「フォーミュラ案」を日本側に提示した。同案は、「基地への米軍の配置と装備、緊急事態における基地の作戦的使用(operational use)は、その時の状況に照らして両国政府の共同協議事項となる」ことを取り決める内容となっていた。米国側の狙いは、「緊急事態」に限って「基地の作戦的使用」を事前協議の対象とすることにあった。(35)

米国側の読み通り、日本政府は、基地の作戦的使用をめぐる事前協議を緊急時に限定することには異を唱えなかった。日本側が求めたのはむしろ、緊急事態における基地の作戦的使用とは、新安保条約第五条で定める「日本国の施政の下にある領域」以外での米軍の戦闘行動を指すことの明確化であった。これには、第六条の「極東」防衛のために米軍が日本の基地を使用する規定が、極東の紛争に日本が巻き込まれる恐れがあるという野党の批判を招いていたため、「極東」有事で米軍が日本から出撃する場合は事前協議の対象とすることで、野党の追及をかわす狙いがあった。日本政府はそのほかに、「その時の状況に照らして」という文言は野党の追及を招くので削除することと、「共同協議」という言葉を「事前協議」に改めることを要請し、いずれも最終的に米国側の了解を得た。(36)

最終的に、岸・ハーター(Christian A. Herter)交換公文と討議記録の二つに分けた上で締結されることになる、このフォーミュラ案は、在英米軍基地の核兵器使用に関する一九五二年の米英共同声明を下敷きにしていた。ただし、元の共同声明は、「共同防衛のための合意にもとづき、米国は英国内の基地を使用する（use of bases）。緊急時の基地の使用（use of bases）は、個々の状況に照らして米英両国の共同決定の対象となる」という文章であり、「作戦的使用」（operational use）という言葉は使われていない[37]。

国務省が、「作戦的使用」という言葉を選択したのは、岸政権が事前協議制の創設によって関与することを望んでいる在日米軍の行動の中に、兵站・補給上の使用（logistic use）は含まれていないという判断によるものであった。藤山外相は、九月一一日のダレスとの会談において、「われわれの明確な目的は、在日米軍基地の作戦的使用に対して協議を求めることだ。単なる兵站・補給上の使用であれば、現行の取り決めで十分である」と発言していたからである[38]。

だが、交渉開始後、海軍作戦本部は「作戦的使用」という言葉の定義が曖昧であり、拡大解釈しうることに危惧を抱いた。そして、事前協議の対象となる「作戦（operation）」の内容を最小限に限定することで、在日米軍の行動の自由を確保しようと考える。海軍作戦本部は、「作戦的使用」という言葉が米英共同声明では使われておらず、日米間でのみ使用されていることを幸いとして独特の解釈をほどこそうとした。彼らは、国防総省に対して、「米軍基地の作戦的使用」を「戦闘作戦上の直接出撃のために米軍基地を使用すること」と定義することを提案し、了承された。「作戦」の定義は、国務省経由で駐日大使館に伝えられ、協議の中でマッカーサー大使から日本側に説明することになった[39]。

海軍作戦本部の主張にもとづいて、マッカーサー大使は一九五九年三月末から、事前協議制に関する以下の四点について繰り返し日本側に確認するようになった。すなわち、①米軍が日本を出入りする際の現行の手続きに変更がないこと、②装備は核兵器のみを指すこと、③撤退は事前協議の対象とならないこと、④日本国の「施設及び区域」の作戦的使用とは、戦闘作戦行動のため直接出撃することのみを指すこと、である[40]。

特に、③の日本からの米軍撤退が対象外であることを、マッカーサーは一連の会談で再三強調した[41]。第二次台湾海峡危機は約二カ月程度で収束へと向かったが、同危機を機に第五空軍は日本から撤退し沖縄に対中攻撃部隊として再配備されていた[42]。米軍撤退を事前協議の対象外とする点を強調したのは、今後も同様の再配備が行われる場合を想定してのことであった。

また、④の狙いは、日本国内から紛争地への直接出撃のみが事前協議の対象となることを明確化することにあった。いい換えれば、在日米軍がいったん日本国外に移動してそこから紛争地へと出撃を開始する場合には、事前協議の対象とならないということである。

スナイダーが一九五九年三月に国務省極東局北東アジア部日本課長となり異動した後、後任として駐日米国大使館一等書記官となったヘルツ（Martin Herz）は、これらの取り決めについて米国側の意図が在日米軍のあらゆる行動に関して日本に「拒否権」を与えないことにあると、駐日豪州大使館に説明している。このときヘルツは、第二次台湾海峡危機の際に在日米軍の一部が沖縄に移駐したことを例に挙げ、特に、米軍の日本本土撤退に関しては日本に拒否権を与えるわけにはいかないと強調した[43]。

また、マッカーサー大使はこの点について、駐日豪州大使館に対し、「在日米軍は、日本の合意なしに軍事行動に直接加わることはできないが、日本の事前同意なしに日本から『他のいかなる場所』へも『撤退』する権利を主張する」と述べている。これを聞いた豪州大使館側が、「撤退」には、米軍を日本から沖縄や台北へ送ることも含まれるのかと尋ねたところ、大使は、「他のいかなる場所」にはそれらの場所も含まれることをほのめかした[44]。

ヘルツとマッカーサーの発言から読み取れるのは、彼らが四項目のうちの③と④をセットで考えていたということである。在日米軍の撤退を事前協議の対象外とすると同時に、事前協議の対象となる「緊急事態における基地の作戦的使用」とは戦闘作戦行動のための直接出撃だと定義することによって、在日米軍が日本の領域外を経由して紛争地に出撃する行動は事前協議の対象外となる。米国側は、二つの項目を合わせて解釈することで、在日米軍の実質的な移動の自由が可能になるような巧妙なレトリックを四項目に忍び込ませたといえよう。四項目は、討議記録という形式で非公表を条件として文書化されることになり、一九五九年六月に内容が確定した。

だが、事前協議制をめぐる交渉上の最大の障害となったのは、自民党反岸派の干渉であった。日米両政府は一九五九年六月までには、事前協議の制度的な枠組みについて合意していたが、九月には河野一郎が、在日米軍の極東出動を日本側が拒否できるという保証を条文の中に盛り込むよう、自民党執行部に申し入れた。さらに、一〇月には三木武夫が、在日米軍の極東出動や核持ち込みの際の事前協議で、日本側が拒否権を持てることを明確にするよう求めてきた[45]。

特に、河野の反政府姿勢は、米国政府やオーストラリア政府から見ても際立っていた。彼は、事前協議制の拒否権の問題のみならず新安保条約の期限についても、日米両政府間で合意された条約締結から一〇年経過後は一年の予告で廃棄可能という方針を不満とし、一〇年以内でも条約改廃論議ができるように修正すべきだと主張し始める。石橋湛山や松村謙三など親中派の自民党議員も、河野の主張に同調した。河野が矢継ぎ早に安保改定に関する要求を行った理由の一つには、次の総裁選を視野に入れて藤山外相の影響力と個人的名声を引き下げようとの意図がある、と米国やオーストラリアは見ていた[46]。

河野ら反岸派は、自民党外交調査会や総務会を活用し自身の意見を党の意思として岸に突きつけたため、岸政権は、米国側に対して、「日本が同意しなければ米国は実行しない」旨の一文の明文化を要請せざるをえなくなった。マッカーサーはこの点について、日本政府が同趣旨を明言しても米国政府は反論しないが、文書での約束は困難だという対応をとる。この問題は最終的に、一九六〇年一月の新安保条約調印時、アイゼンハワーが共同声明で、米国は事前協議に関して「日本国政府の意思に反して行動する意図はない」と明言することで決着した[47]。

米国側の譲歩は、安保改定をめぐって日本国内で展開された政治論争が、アジア冷戦の代理戦の様相を呈していたことに対する配慮の結果だと考えられる。次に述べるように、とりわけ国務省極東局は、中ソ両国の安保改定交渉への妨害工作による日本国内の混乱が、交渉そのものの蹉跌につながることを恐れたといえる。

一九五九年三月、浅沼稲次郎社会党書記長が中国を訪問し、「米国は中国の一部である台湾に力を拡大し、日本においては沖縄を占領している。米国は日中共同の敵だ」と発言したことが日本国内で報道され、マッカーサー大使が福田赳夫自民党幹事長に抗議するという一幕があった[48]。だが、米国が真に恐れたのは、社会党議員でなく自民党議員、それも前首相である石橋の九月訪中が国内政治にもたらす影響であった。

極東局の見方によれば、中国は、対社会党「招待」外交では現実の外交への影響力がなく、社会党が当面は権力の座につく見込みもないと結論づけ、日本の保守政治家でも親中派で、岸ほど親米的ではない人物に接近する新戦術を採用した結果、石橋と松村謙三を招待した。中国の狙いは、岸のライバルたちを懐柔して、岸の権力の弱体化や自民党の分裂をうながし、ひいては日米間の絆と岸の政治的足場の強化につながる安保改定を阻止することだと、極東局は見ていた。岸は、石橋・松村の訪中を阻止しようとしたが、日本の国内世論が対中関係改善を希求し日中貿易の復活を望んでいるために、公式には反対できなかった。こうした国内世論の傾向は、最近、米ソ首脳のアイゼンハワーとフルシチョフが、両国を互いに訪問し合うと発表したことで強まっており、中国が石橋訪中を利用して対日敵視政策を変更すれば、岸に対する対中関係改善要求はさらに強まることが予測された。さらに、ソ連政府が河野を招待するという情報も入ってきていた[49]。

したがって国務省は、事前協議制をめぐり、米国と自民党反岸派の板挟みになっている岸・藤山を窮地に追いやることは、日本の保守政権と日米関係の安定化という観点からは得策ではないと判断したものと見られる。

核の持ち込み

これまでの研究では明らかになっていなかったが、実は、米国政府内では安保改定交渉を開始するにあたり、事前協議制の対象や取り決めの方法をどのようにするかについて米軍部と国務省、米国駐日大使館の間で綿密な話し合いが持たれていた。

マッカーサー大使がワシントンに伝えたところによれば、日本政府が事前協議制の創設を熱望しているのは、米軍に核を持ち込ませないための日本政府の努力を国民にアピールするためであった。そこで、JCSが最初に提案したのは、「緊急時の」米軍および装備の配備は事前協議の対象となることと、米国艦船の寄港は「事前協議の対象とはならない」ことを、交換公文にうたう方式であった。しかし、スプレイグ国防次官補は、ロバートソン国務次官補と協議した結果、事前協議制の適用を「緊急時」に限定するのでは、いかなる場合でも核兵器の配備に異議を唱えたい日本側の要請に応えていない、という見解で一致した(50)。

これをふまえて国務省が提案したのは、米国艦船の寄港が事前協議の対象外であることに「言及しない」という方法であった。ロバートソンは、米軍はこれまでも、日本政府から異議を唱えられることなく日米間で協議を行わないまま艦船を日本の港に寄港させてきたし、マッカーサー大使も将来も日本政府が異議を唱えることはないと保証している、とスプレイグに対して説明した。スプレイグはこの方式を支持し、マッケルロイにも受け入れるよう勧告した。また両者は、核兵器と主要部隊の配備を除いて米軍および装備の配備に事前協議は適用されないことで、日本側と合意できるだろうという点でも意見が一致した。二人は、一時的な部隊の配備についても事前協議の適用は要求されないだろうと見込んだ[51]。

スプレイグの勧告を受けたマッケルロイ国防長官は、米軍およびその装備の再配備に関する事前協議は緊急時のみ認めることと、米国艦船の日本寄港を事前協議の対象外とすることについて、明文化された協定では特に取り決めないことに同意した。ただし、スプレイグは同時に、この問題を安保改定交渉の中で提起し、これをめぐる米国の利益と日本側の反応を記録に反映させる必要があると考えた。彼は、日本側の反応には現状維持、すなわち、これは日本に関係のない問題であり現在の満足すべき取り決めが続くことへの了解が反映されるのが望ましいとした。国務省もこれに同意することになる[52]。

マッカーサー大使は前節でも述べた通り、第一回目の日米交渉の場において、核持ち込みと在日米軍の日本域外活動について取り決める「フォーミュラ案」を提出し、「基地への米軍の配置と装備」を日米両国の共同協議対象とするという文言を提示した。彼は日本側に対し、「装備」には核兵器と通常兵器の両方が想定されるが、フォーミュラでは核兵器のみを指すものと米国政府は了解

している と述べた。また、あえて核兵器という言葉を使わない理由は、米国では核兵器と通常兵器は一体のものとされているからだと説明した[53]。

このフォーミュラ案は、基地への「装備」、すなわち核兵器の在日米軍基地への持ち込みは共同協議対象であることを明確にするものであった。前述の通り、国務省とマッカーサーが、日本側が事前協議制の創設によって望んでいるのは日本国内への米軍の核兵器持ち込みの制限なので、この点さえ明確にすれば、核搭載艦船の寄港などについては事前協議の対象とするよう求めてくることはないと考えた結果である。

日本側は知らされていなかったが、在日米軍は同時期、核搭載艦船のみならず核搭載戦闘機の日本通過も運用に組み込むようになっていた。第二次台湾海峡危機を機に、一九五九年四月以降、極東米軍は朝鮮半島有事に備えて核攻撃態勢「クイック・ストライク」を採用したのである。同態勢下では、沖縄の嘉手納基地から戦闘爆撃機F100が朝鮮半島に出撃するほか、三沢・板付に駐機するF100が日本から韓国に移動して核を積載する作戦も立てられた[54]。

従来の核搭載艦船の日本寄港に加え、核搭載戦闘機の日本通過が行われる可能性も生まれたにもかかわらず、日米両政府の史料において、日本側が交渉の中で寄港・通過も事前協議の対象となるかどうかを確認した様子は一切見られない。むしろ日本政府は、国内向けに文言の修正を要求した以外は米国側の要望を受け入れ、フォーミュラ案について、岸首相とハーター国務長官が了解・署名した交換公文の形で公表するのとあわせて、交換公文の解釈に関する了解事項を非公表の討議記録に残すことに同意した。討議記録の第二項は以下の四点からなる。[55]

第二項〔岸・ハーター交換〕公文は、以下の点を考慮に入れ、かつ了解のうえ作成された。

A「装備における重要な変更」とは、中長距離ミサイル及びかかる兵器の基地建設を含め、核兵器の日本への持ち込み（introduction）を意味するものと理解され、例えば、核コンポーネントを装備していない短距離ミサイルを含む非核兵器の持ち込みはこれに当たらない。

B「戦闘作戦行動」は日本から日本以外の地域に対して行われる行動を意味する。

C「事前協議」は、米軍とその装備の日本への配備、米軍機の立ち入り、及び米国艦船の日本領海や港湾への立ち入りに関する現行の手続きに影響を与えない。ただし、合衆国軍隊の配置における重要な変更の場合を除く。

D 米軍部隊の日本からの移動については事前協議の対象とはならない。[56]

C項では、核搭載戦闘機・艦船の寄港・通過が事前協議の対象外であることが明記されているが、日本側の交渉当時者たちは交渉を通じて一度もこれを認めておらず、交渉後も従来の国会答弁通り寄港・通過も事前協議の対象となると認識していたという。[57]もし、日本政府関係者の言葉が事実だとすれば、このような寄港・通過をめぐる日米間の認識の齟齬は米国側の交渉戦術によって生じたものである。国務省と国防総省との協議の結果、米国側は、核搭載艦船の日本寄港などを事前協議の対象外とすることについて、交渉の中で言及することなしに、日本側が米国の見解に同意したという言質をとるために討議記録を作成するという方針をとっていた。その結果、一九六〇年代以降、核搭載艦船の寄港に関する国会答弁をめぐって日米間でたびたび問題が生じることになるのである。この点については、結論において再度論じたい。

ところで米国側にとって、米軍基地への核持ち込みを制限するような同盟国との取り決めは、アイゼンハワー政権が一九五八年から始めた核の所在を明らかにしないNCND政策を損なうものであり、それまで一切認めてこなかった。安保改定に先んじてイギリスやカナダと行った米軍基地運用をめぐる交渉において焦点となったのは、有事の核使用の際の協議制度の創設であり、核持ち込みそのものは問題となっていない。それでさえ米国政府は、自らが同意する場合に限ってのみ有事の核使用に関する同盟国との協議を認めたが、同盟国側に拒否権を与えることは許さなかった(58)。

にもかかわらず、米国が日本にだけ核持ち込みに関する事前協議を認め、かつ、大統領が「日本国政府の意思に反して行動する意図はない」と共同声明で述べるような例外的な対応をしたのはなぜだろうか。その理由としては、次の二点が挙げられよう。

第一に、在日米軍基地の戦略的役割の相対的低下によるものである。スナイダーはこの点について、駐米豪州大使に明快な説明を行っている。すなわち、在日米軍基地は戦術的目的から利用されることのない兵站拠点であるため、日本に核兵器を貯蔵する必要はなく、日本政府が有事の際に機動部隊の「通過」さえ認めてくれれば問題ないと、米国政府は認識していた。つまり米国側は、有事に在日米軍基地を作戦基地として使用したり、在日米軍が紛争地に直接出撃したり、在日米軍基地に核兵器を貯蔵するといった日本側が憂慮するような事態を、基本的には想定していなかったため譲歩が可能だったのである。ただし、朝鮮半島有事の場合には日本は作戦上の拠点となりうるので、そのための別個の取り決めが必要だともスナイダーは説明している。(59)

そこで米国政府は、事前協議制とひきかえに日本政府との間に二つの密約、すなわち、米核搭載艦船・戦闘機の「通過」は事前協議の対象外とした討議記録と、朝鮮半島有事には事前協議なしで日本からの米軍の直接出撃を認める議事録を必要としたのであった。

第二に、河野康子や波多野澄雄らも指摘しているように、在沖米軍基地が自由に使用できるという前提があったことである。この点、東郷文彦は、「六〇年の安保改訂において事前協議に関する交換公文が成立ったのも、米側軍事的観点よりすれば、本土には事前協議を適用するも沖縄はいわゆる自由使用をなしえたからであったと思われる」と回想している。(60)

朝鮮議事録

さらに、朝鮮半島有事に関する密約についても、もう少し詳細に論じておきたい。

既述の通り、米国側は、米国の核持ち込みに事前協議制を適用することについて、核搭載艦船の日本寄港などを対象外とすることを条件に同意した。しかも、この条件については交渉の中で言及せずに日本側が同意したという証拠だけを討議記録に残すという方針をとった。そうした米国側の交渉方針の結果として生まれた討議記録の内容や問題点は、すでに波多野澄雄や太田昌克などによって徹底的に分析されている[61]。

他方、いわゆる「朝鮮議事録」と呼ばれる密約に関しては、民主党政権期に外務省関連史料が大量に公開されたことで、日米間の交渉内容や日本側の検討過程がほぼ解明されたが、米国側の検討過程は必ずしも明らかになっていない。したがって、ここでは安保改定交渉を通じて米国側がどのように朝鮮議事録の作成に至ったのかを限られた史料をもとにしてではあるが考察する。

朝鮮議事録の起源は、一九五一年九月にサンフランシスコ講和条約および旧安保条約と同時に取り交わされた、吉田・アチソン交換公文である。これは、極東地域における国連軍の作戦に対して日本が国内およびその付近で支援活動を行うこと（物資や役務の調達など）、日本国内における国連軍の通過や米軍基地の使用を認めること、経費を負担することなどを約束する内容となっていた。一九五四年には、旧安保条約に対応して行政協定が締結されたのと同様に、吉田・アチソン交換公文に対応した国連軍地位協定が締結され、国連軍を構成する各国軍隊が在日米軍基地を使用できることが規定された。

一九五八年九月二九日、ダレス国務長官は米国駐日大使館に対し、吉田・アチソン交換公文の効力が安保改定の影響を受けないことを、岸首相に対してはっきりさせるよう指示を出す[62]。これにもとづき米国側は、一〇月四日の第一回目の安保改定交渉の場で、同交換公文はサンフランシスコ講和条約と結びついたものであり、安保条約の改廃に影響を受けないという立場を表明した。これに対して翌年五月四日、日本側は、交換公文が旧安保の一環として国会に提出されたという過去の経緯をふまえ、新たな交換公文によって存続させない限り旧安保とともに解消されるべきことと、解消されても国連軍地位協定があれば問題ない旨を主張する。その上で五月八日には、国連軍地位協定が存続する限り交換公文も存続するとした新たな交換公文案と、在日米軍が国連軍として行動する場合には事前協議の対象となるという付属文書案の二点を、米国側に提示した。(63)

マッカーサー大使は日本側の主張に共感を示し、五月のこの会談を受けて、吉田・アチソン交換公文の効力は朝鮮半島有事に限られることと、同交換公文中の"support"という文言は補給活動の意味で作戦行動を含まないことの二点を認めるよう本省に要請した。(64) マッカーサーはさらに、一九五九年四月からダレスの後任となったハーター国務長官に対し、日本側に対して国連軍の戦闘作戦行動を事前協議なしに認めさせる要求を行うのは、日米間の対等なパートナーシップを大きく損なうと上申している。(65)

しかし、JCSは日本側の付属文書案に強く反発した。彼らは、「極東」で米軍が戦闘作戦を行う際には国連軍の活動を日本が以前と同様の条件で支持するという秘密の保証を、日本政府からとりつけるよう主張し、それが不可能であれば在日米軍の撤退を真剣に考慮せざるをえないとまで言った。ハーターは、マッケルロイ国防長官との協議の結果、JCSの要求とマッカーサーの見解の妥協案として、「朝鮮半島有事」に限定して国連軍の極東における活動を事前協議制の対象外とすることを、岸にできる限り強く求めるよう駐日本大使館に対して指示した。(66)

こうした米国政府内の議論をへて、一九五九年七月六日、岸・藤山と会談したマッカーサーは、「日本に駐留する米軍が朝鮮に駐留する国連軍を積極的に助ける必要が生じた場合、日本側と事前に協議しなければならないという約束はなしえない」と回答する。一九五七年七月、米軍再編によって東京の極東軍司令部が廃止された際、同司令部が兼ねていた国連軍司令部は韓国に移転し、在日米軍はハワイの太平洋軍司令部の指揮下におかれることになった。そのことからマッカーサーは、朝鮮半島有事で在日米軍が国連軍を助けるのは、事前協議の対象となるような通常の戦闘作戦行動とは「別種」の活動だとして正当化したのである。(67)

これを聞いた岸は、朝鮮半島有事に限って在日米軍の作戦行動を事前協議の対象外とすることに同意した。外務省はこれを受け、朝鮮半島有事への対応として在日米軍基地が使用されることについて、日本側が事前協議で「同意することを好意的に考慮する」旨を含んだ交換公文案を提案した。国務省極東局は、藤山の訪米直前の一九五九年九月二二日、日本政府とひとたび事前協議を行えばそれ以上の事前協議なしに在日米軍基地の緊急使用への内密の同意が得られる外務省案に、いったんは賛成した。(68)

そもそも国務省側からすれば、相手が日本だろうとイギリスだろうと、同盟国内の米軍基地を使用する際に受け入れ国側の同意をとらないなどありえないことであった。マッカーサー大使は、もし日本側の意思を無視して在日米軍基地を使用しようとすれば、日本人の基地従業員のボイコットにあうなど基地の使用が非常に困難になることを想定していた。だが米軍部は、国務省とは異なる見解を抱いていた。彼らは安保改定交渉開始前から、イギリスであれば米国からの基地の緊急使用の要請を断らないだろうが、日本であれば断るだろうという懸念をしきりと表明していたのである。[69]そのため米国側は、一九五九年秋から冬にかけ、日本側に対して「協議の時間的余裕がない場合の手当が必要」と強く主張していくことになる。具体的には、吉田・アチソン交換公文が引き続き効力を有するという趣旨の交換公文のほかに、朝鮮半島有事には在日米軍が事前協議なしに直接出撃できる旨を明文化した密約を要求することになる。[70]

前述した通り、一九五九年九月に国務省がいったんは日本側の交換文書案に賛成したにもかかわらず、最終的にJCSが主張したような日米間での密約の取り交わしに至ったということは、一九五九年後半にこの案件に関する米軍部の猛烈な巻き返しがあったと考えられる。春名幹男によれば、この間の交渉経緯に関する日本政府の文書は残されていないという。[71]だが、太平洋軍司令部とJCSとの間でやりとりされている電報からは、軍部が交渉の最終局面まで、将来的に「吉田・アチソン交換公文の関連メモにもとづいた誤解が起こりかねない」可能性を排除すべく、文書案の一言一句に介入している様子が読み取れる。[72]

その結果、一九六〇年一月六日に作成されたのが朝鮮議事録である。同議事録には、在韓国連軍に対する停戦協定違反による攻撃など緊急事態が生じ、国連軍の反撃が実施され、在日米軍も国連統一司令部の下で戦闘作戦行動を行う場合、日本の施設、区域は使用されうる、というのが日本政府の立場であると記された。[73]

マッカーサー大使は安保改定交渉の開始にあたって、行政協定をそのままの形で存続させることを前提とし、新条約に伴って必要となる技術的調整のみを行う意向を日本側に示して了承を得ていた。これは第3章で見たように、米軍部が行政協定を変更しないことを安保改定の条件としていたからである。日本政府側も当初は、「一度手を触れれば二年三年の交渉となり、条約交渉自体も見送る他なし」という見通しから、行政協定に関しては防衛分担金の削除のみを取り上げる予定であった[74]。

4 行政協定の全面改定

にもかかわらず安保改定の結果、行政協定が現在の日米地位協定に改められた理由として、先行研究で指摘されてきたのは次の二点である。

第一に、一九五九年に入って河野、池田勇人、三木ら自民党反岸派が、行政協定の全面改定に踏み切らない限り安保改定を支持しないと主張したためであった。河野は二月になると、「国民の日常生活に直接関係する行政協定の改定こそ最も大事なことである」と記者会見を開いて主張し、防衛分担金、労務・調達、米兵犯罪に絡む刑事裁判権等を解決すべき問題として挙げる。自民党反岸派は、一九五七年に砂川闘争の参加者七人が立川基地内に侵入して起訴された事件をめぐり、東京地方裁判所が一九五九年三月三〇日に下すことになる判決に注目していた。伊達秋雄裁判長の名前をとって伊達判決と呼ばれる同判決は、米軍の駐留を認めている行政協定が憲法違反だとの見解を示し、被告全員を無罪とする判断を下す(75)。

安保改定交渉中の伊達判決は、マッカーサー大使に強い危機感を抱かせた。彼は藤山外相に会い、伊達判決を早急に取り消させるために通常の手続きである高裁への控訴ではなく、最高裁に直接訴える跳躍上告を勧めたほか、大使自ら最高裁長官と会って速やかな判決を要望すると伝えた。日本政府はマッカーサーの示唆通りに跳躍上告の手続きをとり、最高裁は一九五九年一二月、安保条約が違憲かどうかは判断できないとして地裁判決を破棄差し戻した(76)。

つまり、行政協定の正統性が日本国民から認められていない現状に対し、自民党反岸派と米国駐日大使館の両方が危機感を抱いたことで、行政協定の全面改定が新たに交渉の俎上に上ったという議論である。

第二に、不平等な内容である行政協定の全面改定は、外務省にとって長年の悲願であり、担当者らは一九五八年末から密かに行政協定の全面改定案の作成に着手していた。原彬久によれば、岸・藤山が自民党反岸派から行政協定全面改定の圧力を受けるよりも早く、外務省が全面改定案の準備にとりかかったのは、「社会党がいつ行政協定を逐条ごとに取り上げて改定を迫ってくるか心配だった」からだという(77)。

また同時期には、西ドイツとＮＡＴＯ各国との間で、ＮＡＴＯ駐留軍の地位に関する補足協定(以下、ボン協定)が成立しようとしていたことも、東郷安保課長はじめ外務省の担当者の行動に大きな影響を与えていた。三月六日、米国側から表現上の調整のみの行政協定案を提示されると、外務省は、「NATO並み」を目指して、その二週間後には「調整」項目・「修正」項目各一九点を要望事項として提示し、躊躇する米国側を「行政協定改訂交渉に引きずり込んで行った」という。調整項目は米国側との妥協の見込みが高い事項、修正事項は妥協に達するのは困難だと考えられていた事項であった(78)。

だが実際には、米国政府内では、日本側の動きよりも早い一九五八年一一月末から翌年三月末にかけ、国務省が米軍部に対して行政協定の大幅改定に応じるよう辛抱強く説得を重ねていた。つまり、三月六日にマッカーサー大使が日本側に提示した米国側草案は、実際には日本側の見解を引き出すための瀬踏みであったか、米国政府の方針が確定するまでの時間稼ぎであったと思われる。

米軍部が安保改定交渉開始の条件として行政協定の温存を要求していたにもかかわらず、国務省が交渉の途中で行政協定の改定が必要だという立場に変わったのは、マッカーサー大使の進言によるものであった。

一九五八年一一月二五日、海軍作戦本部がJCSに伝えたところによれば、一〇月四日に日本側に手渡した米国政府の安保条約草案を、行政協定の変更も含めてより日本側の要望に沿うよう修正したいという提案が、米国駐日大使館からなされたという。これを伝えられた太平洋軍は行政協定のいかなる変更にも反対であるとし、JCSも反対の立場を国防長官に表明した。しかし国務省は、日本との交渉の過程で「後退した立場」をとる際には、マッカーサー大使の提案する変更を行う権限を彼に与えた[79]。

そのマッカーサーは、日米両政府の安保条約草稿が出揃った一一月二六日の会談で藤山外相に対し、「米側としては新条約下の行政協定に付き、はっきりした話ができなければ条約自体にも合意することはできない」と、日本側の行政協定に対する見解をただしている。だがこの時点では、日本政府は行政協定の全面改定を米国側に要請する予定はなかった[80]。つまりマッカーサーは、日本側から行政協定の全面改定を切り出されるよりもかなり早い段階で、自らの判断で行政協定の大幅改定を本国に進言していたことになる。

マッカーサー大使がより踏み込んだ内容の行政協定改定に取り組む必要があると考えた理由として、第一に、もともと日本国内には行政協定に対する強い批判が存在し、一九五七年のジラード事件の際にそれが一層高まっていたことへの配慮があったと思われる。国内の行政協定批判が一九五九年三月末に伊達判決という形をとることになることは、すでに述べた通りである。第二に、新安保条約第六条の「極東」範囲の定義や警職法改正法案をめぐり、国会における与野党の対立は激しさを増していた。マッカーサーはそうした日本国内の状況を鑑みて、行政協定の大幅改定をしなければ、与野党双方の抵抗を押さえて安保改定を実現させることは困難だと判断したものと考えられる。

特に、岸が安保改定に備えて一九五八年一〇月八日に上程した警職法改正法案が、社会党の断固たる反対や「デートもできない警職法」などの批判的報道にあい、強引に国会の会期延長によって成立させようとして失敗したことは大きかった。同法案は、一一月二二日に審議未了・廃案という結果に終わったばかりか、岸の党内指導力を低下させ、池田勇人国務相・三木武夫経企庁長官・灘尾弘吉文相の三閣僚の辞任を招いたからである(81)。

マッカーサーは、一二月二日に駐日豪州大使と会談した際、何年も先を見据えて計画を立て失敗を犯さない巧妙な政治家という岸首相のイメージが、いまや砕け散ったとまではいえないが幾分亀裂が入ったという所見を述べたという。彼は、ここ数カ月に岸が犯したいくつかの重大な政治的判断の誤り(勤務評定問題や警職法)によって、自民党というよりもむしろ岸個人の首相・自民党総裁としての立場が打撃を被ったがゆえに、与党内の派閥争いが再開されたという見方を示した。もっとも大使は、一九五九年三月の任期切れをもって、岸が自民党総裁の座を他の派閥領袖にとって代わられるとは考えていなかった。岸は、警職法をめぐる論争への対処を誤ったことを教訓としており、カードを正しく切れば再び足場を固めることができると見られていた。マッカーサーのこの見方には、豪州大使も同意している(82)。

このように、岸を取り巻く政治状況を正しく理解していたマッカーサー大使は、行政協定改定を実現することによって、自民党の派閥抗争から岸を守り安保改定の実現にこぎつけようとしたのではないか。

マッカーサー大使は、自民党の派閥抗争による安保改定の頓挫を懸念して、ほかにも岸の側面支援のための手を打っている。たとえば一九五九年四月、大使は安保改定交渉を進展させるため、自ら自民党反岸派を切り崩そうと池田の後見人であり安保改定に反対している吉田茂のもとを訪ねた。吉田は、安保改定反対の理由をマッカーサーから問われ、「岸内閣は単に、自分〔吉田――引用者注〕の名前を現行条約から消し去ろうとしている」からだと答えたという。大使は吉田の言葉に対して、そもそも旧安保が「仮のもの」であることを指摘した。旧安保第四条は、「この条約は〔中略〕これに代る個別的若しくは集団安全保障措置が効力を生じたと日本国及びアメリカ合衆国の政府が認めた時はいつでも効力を失うものとする」と定めていたからである。[83] マッカーサーが吉田に接触した後の一九五九年六月、池田は第二次岸改造内閣に通産相として入閣し、公には安保改定に異議を唱えなくなった。[84]

国務省はマッカーサーによる行政協定大幅改定の進言を受けて、国防総省と共同のワーキンググループを結成し、行政協定の改定に関する検討を行った。両省間の意見の調整は一度は失敗に終わるが、ロバートソン国務次官補はアーウィン（John N. Irwin）国防次官補に話し合いを求め、なんとかして両省間の見解の相違を解決しようと試みた。両者の間で主に議論となったのは、条約区域の定義および行政協定の再交渉の問題であったが、最終的に両者は、米軍部の「死活的利益」に関わる「実質的な」変更はしないことと、長期的な基地保有権の確保は死守することで合意に達する。米軍部の死活的利益とは、たとえば日本側が米兵犯罪をめぐる刑事裁判権を放棄することなどであった。国防総省は、ロバートソンとの合意によって行政協定の改定を支持する立場に回り、ＪＣＳも同省と協議して見解を共有するに至る。[85] そこで一九五九年一月二三日には、国務省から米国駐日大使館に対し、行政協定の改定に関して「国防総省が同意した」というメッセージが送られた(86)。

ただし国務省・国防総省の合意後も、陸・海・空の三軍は行政協定改定に抵抗した。海軍作戦本部が二月二七日、国防総省に対して抗議したため、アーウィンは三月一〇日、国務省と国防総省との間でいかなる協議が行われたのかその過程と主要論点を説明して理解を求めた。また、国防総省との合意にもとづいて国務省が作成した行政協定改定案の草稿を、国防総省からＪＣＳおよび三軍に手渡した。そうして三月二七日までに、海・空軍は行政協定の改定にいまだ賛同しなかったが、陸軍はこれがＪＣＳの決定事項であるとの見解から協力的姿勢に転じる。三軍の見解が分かれたときにはＪＣＳに決定が委ねられる慣習になっていたため、最終的に、米軍部は行政協定の改定に応じることになったのである(87)。

米国政府内で行政協定の改定に関する合意が形成された後、マッカーサーは、日本側が提出した改定案を米軍部の「死活的利益」を損なわない内容にすべく日本側と調整を繰り返した。具体的には、条約区域の内外における米軍の権利（第三条）、通関（第一一条）、労務（第一二条、第一五条）、契約者（第一四条）、民事請求権（第一八条）、防衛分担金（第二五条）などが議論の対象となった。特に、第三条、第一一条、第一二・一五条について、日本側は一九五九年八月に成立となったボン協定と同等の内容にすることを米国側に求めたため、調整は一九六〇年一月までもつれこんだが、最終的に日米間で妥協が成立し現在の日米地位協定の形になったのである(88)。

行政協定の中でも、在日米軍基地の運用について定めた第三条は、刑事裁判権（第一七条）と並んで米軍部の「死活的利益」に触れる部分であった。日本政府は、第一七条についてはすでにNATO協定並みの権利を有しているとして改定を要求しなかったが、第三条の改定は旧安保の駐軍協定的性格を払拭するためにどうしても譲れなかった。そこで日本側は、当初の米側案では「合衆国は、施設及び区域内において、それらの設定、運営、警備及び管理のための権利、権力、権原を有する」とされていたのを、「権利、権力、権原を有する」の部分を「必要なすべての措置をとることができる」へと変更させた。また、「合衆国も、必要に応じ、合同委員会を通ずる両政府間の協議の上で前記の目的〔「施設及び区域の支持、警護及び管理のための合衆国軍隊の施設及び区域への出入」――引用者注〕のため必要な措置を執ることができる」という箇所の、「必要に応じ」という文言を削除させた。(89)

「必要なすべての措置をとる」という文言を要求した日本政府の意図は、基地が米軍の「租借地」であるかのような印象を与えないことであったと思われる。また、「必要に応じ」を削除させた狙いは、在日米軍が基地およびその周辺での便宜を必要とする際には、必ず日本側と協議する旨を明文化することにあった。

ただし日米両政府は別途、行政協定第三条に関する「日米地位協定合意議事録」を作成した。その中では、在日米軍は基地の排他的な占有権を持ち、基地の周辺でも「施設及び区域の能率的な運営及び安全のため軍事上必要とされる」のであれば、独自の判断で行動できることが明記され、米軍の基地保有権とその周辺でのある程度の裁量が担保されている。さらに、外務省は一九七三年四月、「日米地位協定の考え方」と題する非公開文書をとりまとめ、安保改定時の合意議事録や日米合同委員会でそれまでに決められた行政協定の解釈の逐条解説を記載して、政府見解の手引きとした。同文書は、行政協定第三条について、「『管理権』の実体的内容については新旧協約上差異はない」と明確に説明している(90)。

つまり行政協定第三条の改定は、あくまで旧来の在日米軍の基地保有権を維持しながらも、文言上、安保改定後の在日米軍基地の運用は日米両政府が共同で行うかのような装いをまとわせたものであったといえる。

小括

本章で明らかになったことは、安保改定交渉を通じ、在日米軍基地は兵站・補給基地としての基本的役割が確定する一方、在沖米軍基地はアジア有事の際の出撃基地および米軍の核兵器を貯蔵するアジアの最重要拠点として位置づけられたということである。

ダレス率いる国務省は一九五八年に入ると、沖縄現地で反米感情が悪化している状況を危惧し、沖縄本島の一カ所に米軍基地を集中させ、それ以外の地域を日本に返還する構想を実現することで在沖米軍基地の安定的維持を図ろうとした。また、岸や沖縄の政治指導者たちには、新安保の条約区域に沖縄を含めることで沖縄の将来的な施政権返還につなげるという発想があった。

しかし、米軍部は二つの理由から、沖縄の政治情勢の安定化よりも在沖米軍基地の自由使用とそのための排他的統治に固執した。一つには、スプートニク・ショック以来、在沖米軍基地を核基地として重視するようになったことである。もう一つには、安保改定によって、在日米軍基地の運用・使用が以前よりも制約を受けると考えていたことである。米軍部が、沖縄で流通する通貨をドルに切り替え日本と沖縄のつながりをできる限り断とうとしたのは、安保改定の影響が在沖米軍基地に及ぶことを恐れたからにほかならない。一九五九年になると、ダレスが病で職務を全うできなくなり国務省の政策的影響力が弱まったことも、軍部が沖縄の占領統治を強化する上で追い風となった。

だが、在沖米軍基地が引き続き米軍の排他的統治下におかれたからこそ、安保改定による事前協議制の創設は実現したということができる。沖縄に大量の核が貯蔵され、アジア有事の際の出撃基地となったことで、在日米軍基地の兵站・補給基地としての性格はより一層明確になった。その結果として、在日米軍基地に核を貯蔵する戦略的必要性が低下したことが、事前協議制を可能にしたのである。

同時に、本章では、安保改定交渉を通じた米国の目的は、一貫して在日米軍基地の維持とその保有権の明確化であったことも明らかにした。事前協議制の創設と行政協定の全面改定をめぐる日米間の交渉においては、そうした米国側の意図が如実に表れた。事前協議制の創設に対する軍部の条件は、一言でいうと、日本政府がいままで通り米軍の平時・有事の移動を妨げないことであった。

また、行政協定の全面改定に対する軍部の条件は、実質的な変更を伴わないことであった。マッカーサー大使は安保改定交渉において、日本側の要求と米国側の軍事的要請を両立させることに全力を注ぎ、それに成功したのである。

結論

1　アイゼンハワー政権の海外基地政策

本書では、アイゼンハワー政権がその八年間の施政を通じて、海外米軍基地群を維持するためにそれを取り巻く問題をどのように認識し、また、どのように課題解決に取り組んだのかを、安保改定の過程を分析することによって解明しようとした。

アイゼンハワー政権は、世界中の海外米軍基地群の存在を前提とした核戦略を採用したがゆえに、基地の維持を至上命題とした。しかしアイゼンハワーは、連合国軍総司令官、ＮＡＴＯ軍初代総司令官としての経験から、外国軍の駐留がいかに現地で歓迎されないかよく理解していた稀有な大統領であった。そのため、大統領と彼の下で安全保障のグランド・ストラテジー策定を担っていたダレス国務長官は、海外基地政策において、米国の兵力構造や運用の合理化・効率化以上に同盟国との間の政治的調整を重視することとなった。

本書では、アイゼンハワー政権の安全保障政策を構成する要素として、基本方針となるグランド・ストラテジー、予算、脅威の変化、そして米軍基地の受け入れ国の意向、の四つを挙げた。ニュールック戦略自体は、これらのうち最初の二つの要素を重視するものであったが、ニュールック実現のために陸軍を削減して空・海軍主体の編成に組み替えるという米軍再編の実施過程では、後の二つの要素が大きな影響を及ぼした。特に、極東地域においては、一つにはアジアの冷戦状況の変化、もう一つには基地受け入れ国内で米軍駐留に対する反発の高まりが生じたからである。

第一に、脅威の変化について、米国から見た一九五〇年代のアジアは、ジュネーヴ会談でインドシナ三国の独立と統一選挙を認めざるをえなくなったことと、台湾海峡危機が二度勃発したことで、共産主義勢力による侵略の脅威が朝鮮半島から台湾・インドシナへと移っていく状況にあった。朝鮮戦争休戦後に開始された米軍再編は、軍事費削減を目的としてヨーロッパとアジアで一斉に実施されたため、極東地域でも予定通り行われたが、新たな脅威の顕現は米国政府に計画の再考を迫ることになった。そこで、陸上兵力削減とアジアにおける共産主義の脅威への対応を両立すべく考え出されたのが、第七艦隊と海兵隊を即応部隊として台湾・インドシナの両方に近い沖縄に配置することである。その結果として極東では、同じ陸上兵力でも、陸軍は単純に七個師団から二個師団まで削減されることが決定したが、海兵隊は二個師団から実質半減したもの陸上兵力三分の二個師団と機動力を持つ三分の一航空団という変則的な態勢のもとに再編されるという差異が生じた。

第二に、基地受け入れ国では、外国軍の「占領」への反発、米軍基地の運用や米兵犯罪に関する取り決めの不平等性への反発、そして米軍基地に持ち込まれる核兵器によって米ソ核戦争に巻き込まれる恐怖が高まっていた。一九五七年以前には、基地受け入れ国の世論が米軍基地に向ける批判としては、前者二点の比重が高かった。そこでアイゼンハワー政権は、日本をはじめ米軍基地に対する反発が特に強い国の米軍を極力削減し、基地も一定程度返還することで対処しようとした。そのため、極東地域では欧州とは異なり、核攻撃の中心を担う空軍までが削減の対象となったのである。

だがそれだけでは、日本も含めて同盟国の間に幅広く存在する自国に不利な基地協定に対する不満の問題は解消されなかった。とりわけ日本の場合、旧安保の「全土基地方式」を盾に、米国側が一方的に在日米軍基地の拡張や基地への新たな装備の配備を決定し、日本政府に軍用地の接収や国民に対する説明を強制していたことが最大の問題であった。日本政府は、自らの意向を無視して決定される在日米軍基地の運用方針が、国内世論を味方につけた野党から強い批判を受けたときに、これに反論もしくは説得を行うだけの政策的正当性を持てなかったからである。この問題は、一九五七年に在日米軍陸上戦闘兵力がすべて撤退しても解消されなかった。

こうした中、アイゼンハワー大統領とダレス国務長官は、海外米軍基地群をめぐって同盟国との間に存在するすべての問題を洗い出し政策を再検討すべく、ナッシュ・レポートを作成させていた。このような状況において一九五七年にスプートニク・ショックが起きると、同盟諸国の巻き込まれの恐怖が一気に高まり、海外基地群の地位は一層不安定になった。そこでナッシュ・レポートは、反基地感情が強い地域では駐留兵力を削減し、基地協定に対する不満を持つ同盟国とはその改定を協議し、今後維持が危ぶまれる基地については分散移転も検討するよう提案したのである。

以上の一連の過程で、一九六〇年の安保改定が実現するための環境要因と促進要因が形成されたといえる。環境要因とは、極東米軍再編によって起きた在日・在沖米軍基地の役割の変化である。一方では、朝鮮戦争休戦までは出撃基地と補給基地の両方の役割を課されてきた在日米軍基地は、陸上戦闘兵力の撤退と空軍の削減の結果、兵站・補給基地としての性格を強め、その重要性が限定的になった。他方では、在沖米軍基地は、即応部隊とされた海兵隊と戦略空軍の再配備によって出撃基地・核基地として一層重視されるようになった。

在日米軍基地の役割が限定されたことによって、新たな役割に沿った在日米軍基地の運用の見直し、すなわち日米安保条約の改定が可能になった。同時に、相対的に戦略的重要性が増大した在沖米軍基地を新条約の対象から排除することで、安保改定は実現したのである。

また、促進要因とは、スプートニク・ショックを機に米国政府内で極東基地群の分散移転の検討の必要性が議論されるようになったことであった。これに危機感を抱いた米軍部は、日本側の望む形での安保改定に応じて在日米軍基地に関する日米間の問題を解決し、同基地を安定的に運用できる状況を創出することで、現状通り基地を維持しようと図ったのである。

アイゼンハワーとダレスは、海外基地群を基盤とする安全保障戦略を採用するにあたって、米国基地の受け入れは同盟国にとって負担が大きく、米国との間で摩擦を引き起こす最大の要因となっていることをよく理解していた。だからこそ米国政府内では、日本側の働きかけよりも早く安保改定を検討する動きが生じたといえる。基地受け入れ国の協力が得られなければ海外基地の維持・運用も困難であるという大統領とダレスの認識が、海外基地政策の見直しの前提であったがゆえに、米軍部は在日米軍基地を維持したければ安保改定は不可避だとの判断に至ったのである。

言い換えれば、アイゼンハワー政権にとっての安保改定とは、在日米軍基地の再定義であったということができる。極東米軍再編によって変化した在日米軍基地の役割に応じて、日本政府の望む運用の体裁を新たに取り決めたのが安保改定であった。

2　安保改定の代償

新対日政策NSC6008／1

現行の「日本国とアメリカ合衆国との間の相互協力及び安全保障条約」は、一九六〇年一月一九日にワシントンで調印され、同年六月一九日に日本の国会で批准された。それと前後して六月一一日、アイゼンハワー政権は、一九五四年のNSC5516／1に続く新たな米国の対日政策としてNSC6008／1を採択する。同政権は、新対日政策において日本の重要性を次のように規定している。

日本の劇的な復興は、米国や自由世界に同国の重要性を印象づけている。あらゆる戦略的条件を考えれば、日本は世界の四大主要工業基地の一つであり、もし日本の工業力が共産主義陣営に利用されれば、世界の力の均衡は大きく変わってしまうだろう。軍事的に見れば、日本は共産主義勢力の侵略に対する西太平洋防衛の鍵である。同国内の兵站・補給施設および基地は、極東においてコストをかけずに効率的な防衛を行うために不可欠である。経済的にも、日本は米国にとって二番目に大きな輸出市場であり、米国の農産物の最大の購買者である。また、米国は日本製品の最大の輸出先である。最後に、アジアの国である日本には、アジア・アフリカ地域の多くの新興・発展途上国の開発に貢献（とりわけ経済的援助）できる可能性がある。[1]

NSC5516／1では、それまで米国が日本に対してかけてきた防衛力増強の圧力を控え、日本の政治的・経済的安定を損なってまで軍事的増強を要求すべきではない、という方針が採用されたことから、画期的な対日政策の転換といわれてきた。NSC6008／1も、基本的にNSC5516／1の考え方を踏襲し、アジアの工業立国として同盟国日本の重要性を認める内容となっている。そして、この新政策の重要な点は、防衛力増強を要求する代わりに、基地の提供という点で日本の軍事的貢献を評価する姿勢を打ち出したことにある。そこには、極東米軍再編と安保改定によって、日本の国内世論の反基地感情をかきたててきたマイナス要因をとりのぞき、安定的な在日米軍基地の運用を可能にしたというアイゼンハワー政権の自信がうかがえる。

だが、実際には、米国は安保改定によって日本国内の反基地感情を払拭できなかった。その証左が安保闘争である。

新安保の国会承認を控えた一九六〇年六月一〇日、アイゼンハワー大統領の訪日準備のために羽田空港に着いたハガチー（James C. Hagerty）報道官が、マッカーサー大使などと共に乗ったキャデラックは、すぐさまデモ隊に取り囲まれて一時間にわたり投石・殴打された。ハガチーらは、日本の警官に守られながら海兵隊のヘリコプターに乗り換えて麻布へ飛び、米国駐日大使館へと到着することができたが、この事件の結果、岸首相は一六日に大統領訪日の延期を発表し、マニラ滞在中の大統領もこれを了解する声明を発表することになる。

ハガチー事件は、米国のメディアに大きく注目された。『ニューヨーク・タイムズ』は事件後、「日本では数週間来、共産・社会両主義者、狂信的学生、労組分子が力を結集して新安保批准反対、アイク訪日反対、岸反対の強力デモを行った」「日本は左翼による暴力政治を受け入れてはならない」と述べ、大統領の訪日を主張する。だが、同紙東京電は、「国際共産主義の陰謀説は事実に反する」「デモ参加者の大多数は中立主義」「広島と長崎の経験は日本人に戦争憎悪感情を植えつけている」「米政府や岸のように『安保は戦争を防止するためのもの』という論法で押し通そうとしてもムリ」と正反対の事実を報じた[2]。

『ニューヨーク・タイムズ』の本社と東京支局とで、ハガチー事件に対する分析が真っ向から対立したことが象徴するように、日本の国内世論は、戦争体験の論理をもって現在進行形の冷戦の論理と対峙していた。戦争体験の論理からすれば、政治的・軍事的な戦前回帰を許容するような冷戦の論理は受け入れがたい。ゆえに、世論の大多数は中立主義を志向した。安保闘争は反岸運動だったといわれるが、安保改定を推し進めた岸首相がアジア太平洋戦争を推進した閣僚であり、東京裁判でA級戦犯容疑者となった人間であったからこそ、安保闘争は激しい盛り上がりを見せた(3)。反岸は反戦であり、反戦は反核と結びついて反基地の世論を押し上げていたのである。米国の軍事戦略とそれに協力する保守政権に対する複数の「反」、すなわち冷戦の論理に対する複数のアンチテーゼが日本の世論を構成していたことが、安保闘争につながったといえる。

確かに安保改定は、核の持ち込みに関する事前協議制の創設や、米兵犯罪を裁けない日米行政協定の全面改定などによって、在日米軍基地に対する世論の中心的な懸念を解消しようとする試みであった。だがそれは、冷戦の論理に対する複数のアンチテーゼの中の一部分に対応したにすぎなかった（しかも、実際には見せかけにすぎなかった）。よって、岸政権による警職法提出や新安保の強行採決などによって、アンチテーゼの残りの部分が刺激され、最終的には、あらゆるアンチテーゼが総動員された安保闘争にまで発展したのである。

こうした点を端的に指摘したのが、『ニューヨーク・ポスト』である。同紙によれば、「ハガチー事件は米国のアジア政策の矛盾の劇的表現である。保守主義者の多くも日米の軍事協力に疑問を感じ、中共市場を失うことに不安を抱いている。ペテン師・岸は国会で安保条約を通したが多くの親米日本人を敵に回した。米国防省の大きい影響と外交能力の不足から、米国の政策はアジアの国民を、その政府から遊離させ、われわれの基盤を不安定とした」[4]。

この記事は、アイゼンハワー政権の対日政策を二つの点で批判している。一つは、同政権が冷戦の論理にもとづき日本に中国大陸への経済的アクセスを禁じていることが、多くの日本人が米国との同盟関係の強化を歓迎しない政治的状況を招いているという点である。もう一つは、同政権が、A級戦犯容疑者であった岸首相を親米保守政治家という理由で厚遇してきた点である。このことの代償として、安保闘争やハガチー事件が起きたのだという。

このように日本の国内世論は、安保闘争を通じて米国の冷戦の論理を受け入れることをあらためて拒絶したと見ることができる。

一九六〇年代以降の事前協議制の解釈

安保改定は、日米安保に対する様々なアンチテーゼを刺激するような成立過程によって、死者を出した安保闘争にまで行き着いた。岸首相は、署名調印をへて日米間で批准書が交換された一九六〇年六月二三日、内閣総辞職によって政治的混乱の責任をとらざるをえなかった。さらに、岸は七月一四日、首相官邸で開催された池田勇人新総裁就任祝賀園遊会において、元右翼の男に刺されて全治二週間の傷を負う。彼にとって、安保改定の代償は重かった。

しかし、安保改定の最大の代償は、事前協議制に例外を設けるという取り決めを国民一般に隠し、核持ち込みに関しては日本政府までも欺く形で行ったことで、在日米軍基地に対する日本国内のアンチテーゼがより強固に存在し続ける結果となったことである。

① 戦闘作戦行動の自由　安保改定交渉は約一年三カ月間にわたって行われたが、日米両政府が準備していた論点に沿って交渉が進められた前半に対し、後半は日本国内の政治闘争に引きずられて想定外の論点が交渉に持ち込まれる形となった。ただし岸政権も、社会党による反安保キャンペーンと自民党反岸派の干渉に対して防戦一方だったわけではない。同内閣は一九五九年八月、自民党名義で『日米安保条約をなぜ改定するか』と題するパンフレットを発行し、メディアをはじめ多方面に配布した。

同パンフレットは、最初に「日米安保条約の性格と改定の必要性」という項目を設け、国連の理念と現状にもとづいた集団安全保障の必要性や、旧安保の成立過程と内容、安保改定の理由を説明している。次に「日米安保条約改定の内容」「行政協定の改定」という項目において、安保改定によって日本が得る利益、すなわち米軍の日本防衛義務、事前協議制、内乱条項の削除、条約期限、防衛分担金の廃止などについて説明している。さらに「中立主義と安保条約破棄論批判」「安保条約改正に関する一問一答」という項目では、社会党の反安保キャンペーンで提示された様々な批判に対する反論を行っている。(5)

このパンフレットの記述には、安保改定交渉の中でまとまった日米間の合意内容とは明らかに異なる説明が含まれている。それが、米軍の戦闘作戦行動に関する箇所である。「駐留米軍の日本領域外の作戦行動については事前に協議する」と題した部分には、次のように書かれている。

現行条約では、駐留米軍は極東における国際の平和と安全の維持のためにも使用することができるとなつているだけであつて、理論上では、アメリカは日本側と相談することなく、出動することができそのため日本が戦争に巻きこまれる危険があるとの批判がありました。新条約の性格はあくまで平和主義に徹するものであり、日米両国は国連憲章に沿つて行動するものでありますから、条約もまた侵略がない限り発動しないことは明かであります。しかしながら同時に条約運営に関する日本の発言権を確立し、日本の自主的立場を確保するため駐留米軍の日本領域外での作戦行動については事前に協議を要することとします。そして、協議が整わないとき拒み得ることは当然であります。

第4章で論じた通り、安保改定によって、在日米軍の「緊急事態における基地の作戦的使用」は事前協議の対象となったが、一九五九年六月に内容が確定した討議記録において、在日米軍が日本の領域外を経由して紛争地に出撃する行動は事前協議の対象外とされた。しかし、パンフレットには、在日米軍の日本領域外での作戦行動が例外なくすべて事前協議の対象となり、しかも日本側が米軍の日本領域外活動を止めることも可能であるかのように記載されている。同時期、河野一郎が、米軍の極東出動の場合には日本政府がこれを拒否できるという保証を明文化すべきだと主張したことが影響していたのは間違いない。
日米両政府は、これ以前に討議記録について、「秘密了解〔討議記録――引用者注〕の内容は国会等ではそのまま発表して差し支えないが、その文書のみが秘密である旨」合意していた。[6]だが岸政権は、討議記録の内容を国民に周知するのではなく、社会党や自民党反岸派の批判を抑えるため日米間の合意に反した言説を流布するという行動に出た。国務省のスナイダーは、パンフレットが発効されるとすかさずこれを取り寄せて翻訳させた後、とりわけ日本領域外での在日米軍の作戦行動に関する説明を問題視している。スナイダーは、米国がパンフレットに書かれたような制限を受けることはないとし、「あまり詳細を書きすぎないよう」岸政権に申し入れたようである。[7]
その後、日本政府は、在日米軍の補給活動やいったん沖縄基地に移動した上での作戦行動は事前協議の対象にならない、という見解を国会答弁で繰り返し、在日米軍の戦闘作戦行動の自由を周知するよう努めた。しかし、ベトナム戦争が始まると、そうした政府見解に対する野党の攻撃は激しさを増し、沖縄を経由しての在日米軍のベトナム出動なども事前協議の対象とするように執拗に要求するようになった。[8]
在日米軍の戦闘作戦行動をめぐる与野党の対立は、米国政府、特に軍部に危機感を持たせ、一九六九年に始まる沖縄返還交渉において、米国側が返還の条件として、「韓国条項」「台湾条項」の受け入れを日本側に迫ることにつながったのであった。

②　核の持ち込み　米国側は安保改定交渉の際、核搭載艦船などの寄港を事前協議の対象外とす

ることについて、日本側の理解を求めずに言質のみを得る戦術をとった。米国のこの交渉戦術は何をもたらしたのであろうか。東郷和彦のメモによれば、討議記録をもって核搭載艦船寄港を事前協議の枠外とすることに日本が同意したという認識は、安保改定の成立時もその後も日本政府側にはなかったという[9]。その結果として、核持ち込みはその後も日本国内の政治問題であり続けることになった。

一九六三年初頭、米国のケネディ（John F. Kennedy）政権は池田政権に対し、ノーチラス型原子力潜水艦の日本寄港を要請した。これは核兵器を搭載できないタイプの潜水艦だったのでそのこと自体には問題はなかったが、野党はこれを機に核持ち込みの容認につながるのではないかと政府を追及する。そこで池田首相は、三月二日の衆議院予算委員会で、核を装備しているポラリス型潜水艦の場合には寄港は事前協議の対象となるが、「協議するまでもなく、初めから私は入ってもらうのは困る」と答弁した。ケネディ政権は池田の発言に衝撃を受け、ライシャワー（Edwin O. Reischauer）駐日大使から大平正芳外相に対して、事前協議制に関する討議記録の存在や内容が岸政権から引き継がれているかどうかを確認させた。大平は、討議記録については完全に初耳だったが、艦船の寄港は事前協議の対象外になるという米国側の討議記録に関する解釈を受け入れたとされる[10]。

だがその後も、池田首相や佐藤栄作内閣の三木武夫外相が、核搭載艦船の寄港は事前協議の対象となり、その場合には政府は寄港を認めない、という答弁を繰り返し、政府の公式見解として定着させていくことになる。米国側は何度も事前協議制の解釈について日本側に確認したというが、すでに積み重なった閣僚答弁は覆せなかった[11]。

安保改定交渉に入る際、米軍部は、現段階では核搭載艦船の寄港や非核コンポーネントの基地内貯蔵のみが日本政府から黙認されており、現状を維持するという選択肢しかないが、将来的には核の貯蔵を実現させたいという希望を持っていた。だが、一九六〇年代に入り、日本への核持ち込みをめぐる政治状況は進展するどころかむしろ後退する。米国は結果的に、冷戦の間に在日米軍基地への核兵器貯蔵を可能にする機会を喪失した。米軍部は、核貯蔵の機会が遠のく一方の日本の政治状況に歯がゆさを覚えながら、ベトナム戦争や中国の核開発などに対応せねばならなかったのである。

3　一九六〇年代以降の在日・在沖米軍基地

最後に、安保改定が、その後の在日・在沖米軍基地の役割にどのような影響を及ぼしたのかを見ておきたい。

まず在日米軍基地に関しては、一九六三年末に横田・三沢両基地の空軍兵力三〇〇〇人の本国撤退が決定・発表されるなど、五七年にＪＣＳが決定した計画に従って漸進的な兵力引き揚げが引き続き進められた[12]。また、一九六八年から始まった「ジョンソン・マケイン計画」では、日本本土一四六カ所の米軍基地のうち五三カ所が整理・統合の対象となり、七三年から始まった関東計画ではさらに都市化が進む関東平野に散在する基地の整理・縮小が開始された。こうした基地縮小の動きは、日本国内のベトナム反戦運動や、佐世保に寄港していた原子力潜水艦の放射能漏れ疑惑、九州大学での米軍戦闘機墜落事故等によって、再び高まった反米軍基地感情を解消すべく日米両政府が積極的に推進したものであった(13)。

一方、在沖米軍基地に関しては、一九六〇年に陸軍第一特殊部隊が配置され、さらに六一年から六三年にかけて戦闘兵力が倍増された結果、六五年初頭の時点で陸軍一万四〇〇〇人、海軍二〇〇〇人、空軍一万二〇〇〇人、海兵隊二万人が沖縄一一七カ所の基地に駐留するに至る。同年、米国がベトナム戦争への本格的介入を開始すると、沖縄は出撃基地としてだけではなく、対ゲリラ戦の訓練基地、補給基地、運輸・通信の中継基地としても重要な役割を担うようになり、同島に駐留する米軍兵力や爆撃機・戦闘機の数はさらに膨れ上がった(14)。

一九七二年に沖縄の施政権が日本に返還され、七三年一月にはベトナム和平協定が成立した後も、在沖米軍基地の縮小はわずかな規模に留まる。ベトナム和平合意を受け、日本政府は当初、米国側に在沖米軍基地の縮小を要請した。だが、日米両政府とも海兵隊は沖縄に引き続き駐留すべきだと考えたことや、米国側から基地移転費用を負担するよう求められた日本政府が石油危機勃発によって費用負担が困難になったことなどから、結局は在沖米軍基地の大幅縮小は実現しなかった(15)。

すなわち、兵站・補給基地である在日米軍基地が順調に整理縮小されていったのに対し、出撃基地である在沖米軍基地はベトナム戦争期にかけて強化・拡充され、ベトナム戦争終結後もそのまま維持されたのであった。ここから、安保改定は、極東米軍再編で変化した在日・在沖米軍基地のそれぞれの役割を固定化・強化する作用を果たしたということもできる。

4　今後の課題

本書では取り上げることができなかったが、在日・在沖米軍基地を考える上で本来は論じるべきだった点についても触れておきたい。

一つは、一口に在日米軍基地といっても、米軍再編の中で順次削減された基地と、一貫して維持されむしろ機能を強化されてきた基地とがあるという点である。空軍基地である三沢、海軍基地である横須賀・厚木・佐世保、海兵隊基地である岩国は、たびたび実施されてきた在日米軍再編の中で生き残り、現在も重要な軍事拠点として存在している（司令部のみで戦闘員のいない横田、座間は除く）。在日米軍基地の間でなぜこのような差異が生まれたのか、今後検討すべき課題としたい。

もう一つは、韓国の米陸軍基地群、フィリピンのクラーク米空軍基地、スービック米海軍基地といった他のアジア諸国における米軍基地と、在日・在沖米軍基地との比較検討である。本書では先行研究に従って、極東米軍基地群の中でもとりわけ日本本土と沖縄が戦略的重点拠点として重視されてきたという前提の下、議論を行ってきたが、この前提には再検討の余地があるかもしれない。

また、在日・在沖米軍基地とその他の極東基地の間にも何かしらの分業関係が存在する可能性があり、そうした視点から極東基地群の戦略的役割の歴史的変遷を比較検討する価値は十分にある。これも今後の研究課題としたい。

あとがき

本書は、二〇一五年一一月に一橋大学から学位を授与された博士論文をもとに加筆修正したものである。ここまで長い道のりであった。

私が国際政治に関心を持ったのは高校時代、中嶋嶺雄『国際関係論——同時代史への羅針盤』（中公新書、一九九二年）を読んだことがきっかけである。そこから、当時は国際関係の研究で有名だった一橋大学への進学を志した。しかし、地元の国立大学への進学を強く望む親の理解が得られず、いったん地元の大学に合格した上であらためて一橋大学を受験し、上京後の生活費は自ら捻出した。大学院への進学はさらに厳しく、親の収入に応じて貸与が決まる奨学金は借りられない状況で、授業料・生活費を稼ぎながらの研究生活となった。

法学部・法学研究科修士課程とも、週の大半をバイトに明け暮れて学業がおろそかになりがちな私を、辛抱強くご指導されたのが田中孝彦教授であり、国際政治史とりわけ冷戦史の基本的な概念や知識はもちろん、幅広い問題関心や分析視角をご提示された。食費をきりつめガリガリだった私に、時々ご飯を食べさせてくださったことにも厚く御礼申し上げたい。にもかかわらず、田中教授のご指導のもと三度異なるテーマで修士論文を書き上げたが、博士課程に進学できる実力に達しなかったことは申し訳なく思う。

修士課程では、先輩方とりわけ高瀬弘文、片山慶隆の両氏から、先行研究の整理や史料収集、論文の書き方など研究に不可欠な作法をすべて学んだ。時間はかかったが、お二方のきめ細やかなご指導があったからこそ、ここまで来られたことは間違いない。また、一年間指導教官を務められた納家政嗣先生の研究への真摯な姿勢と造詣の深さは、謙虚に研究することの尊さを私に示してくださった。

修士課程修了後は、第一法規株式会社に約五年間勤めた。社会人の心構えから編集・校正、企画の立案・提案、執筆者への礼儀まで、薹《とう》が立った新人へと親身にご指導された井原一道、宮城典子、西澤まゆみ、日比海里、宮城あかねの諸氏に心より感謝申し上げる。彼らから教わったことは一生の宝である。

そして、勤務のかたわら社会学研究科博士課程に進学することをご助言された服部龍二先生と、進路相談にのっていただいた井上正也先生、後押しくださった田中英雄会長にはいくら感謝してもしきれない。働きながら研究したいという私をゼミに受け入れてくださった中北浩爾教授の存在もありがたかった。

限られた時間の中での研究において、外交史研究の基礎である史料調査で的確なアドバイスがなければ成果を挙げることは困難だった。青野利彦、エリック・ヴァンスランダーおよび彼をご紹介くださった櫻井健人、波多野澄雄、吉田真吾の諸先生方に厚く御礼申し上げる。日本学術振興会特別研究員（ＤＣ２）に採用されたことも多くの海外史料調査を可能にしてくれた。本書は、平成二五—二七年度科学研究費補助金（特別研究員奨励費）の成果である。

また、博士論文の一部を投稿論文としてまとめるにあたり、多くの専門家から有益なコメントをちょうだいした。報告の機会を与えていただいた佐藤晋、高橋和宏、中嶋啓雄、我部政明および、コメントをくださった植村秀樹、菅英輝、倉科一希、黒崎輝、平良好利、友次晋介、中島信吾、橋口豊、藤本博、松岡完、水本義彦、宮城大蔵、屋良朝博の諸先生方に厚く御礼申し上げる。

これらの先生方のおかげで、「極東米軍再編と海兵隊の沖縄移転」（『国際安全保障』第四三巻第二号〔二〇一五年九月〕）と、「米国の海外基地政策としての安保改定——ナッシュ・レポートをめぐる米国政府内の検討」（『国際政治』第一八二号〔二〇一五年一一月〕）、二つの論文を形にできた。さらに屋良先生からは、共著『沖縄と海兵隊——駐留の歴史的展開』（旬報社、二〇一六年）の第一章「一九五〇年代における海兵隊の沖縄移転」を執筆する貴重な機会もちょうだいした。

博士論文の執筆では、自身の研究をまとめることとそれを他者に文章で説明することはまったくの別物だと、吉田裕先生のご指導を通じて目が開かれた。吉田先生の直筆の添削が入った原稿はすべて大切に保管してある。また、米比関係の第一人者としての卓越した知見から値千金のご助言をくださった、指導教官の中野聡先生がいなければ本書は成立しなかった。短い期間しか師事できなかったことが悔やまれてならない。

博士論文審査では、中野聡、吉田裕、貴堂嘉之、秋山晋吾の諸先生方から貴重なご指導を賜った。

博士論文の単行本化については、齋藤嘉臣先生のご助言がなければ日々を無為に過ごしていただろう。厚く御礼申し上げる。博士号を取得したばかりの私の出版をご快諾された吉田真也氏は生涯の恩人である。原稿に隅々まで目を通して全体の構成や議論の運び、事実関係、文章に至るまで推敲してくださった服部先生にも、あらためて心より感謝申し上げたい。また、本書の出版にあたってはアメリカ研究振興会の出版助成を受けた。常務理事の油井大三郎先生および審査員の方々にこの場を借りて謝意を表する。

最後になるが、一一年間にわたって公私両面で私を支え続けてくれた伴侶の野添文彬に、格別の感謝と尊敬とともに本書を捧げる。かつて外務省外交史料館への案内を頼んできた後輩は、いまや業績・実力ともに先輩格の研究者だが、昔も現在もかけがえのないパートナーである。彼がいなければ、厳しい道のりのどこかで研究を断念していたかもしれない。これからもともに歩んでいきたい。

二〇一七年三月

山本 章子

1956	7月　日本の極東軍司令部を廃止してハワイの太平洋軍司令部に統合／日本におかれた国連軍司令部の韓国移転を決定		6月　沖縄で島ぐるみ闘争展開 10月 立川飛行場拡張のための測量打ち切り
1957	6月　米陸上戦闘兵力の日本本土撤退決定／日本本土17カ所の米空軍飛行場の一部または全面返還決定→第三海兵師団・第一海兵航空団、沖縄移転の指示（※結局、第一海兵航空団は岩国に残留）	8月　第三海兵師団・第一海兵航空団、インドシナ有事対応任務を担う 10月　ソ連、人工衛星スプートニクの打ち上げ成功	1月　ジラード事件発生 5月　岸内閣、在日陸軍・第三海兵師団の日本本土撤退を要請 →6月　日米首脳会談で合意
1958	8月　第五空軍を日本本土から沖縄へ移動	8月　第二次台湾海峡危機勃発	10月　日米安保改定交渉開始
1959			3月　東京地方裁判所、砂川闘争の参加者7人が立川基地内に侵入して起訴された事件で、米軍の駐留を認めている行政協定が憲法違反との見解を示し、被告全員を無罪とする
1960			1月　日米両政府、ワシントンにて、新日米安全保障条約・日米地位協定に調印 6月　新日米安保条約発効

関連年表

年	極東米軍再編をめぐる動き	冷戦情勢（主にアジア太平洋地域）	日本本土・沖縄における基地問題関連
1950	9月　第一海兵師団、韓国配備	6月　朝鮮戦争勃発	
1951			9月　サンフランシスコ講和条約調印／日米安全保障条約調印／吉田・アチソン交換公文締結
1953	8月～10月　第三海兵師団、日本本土配備	7月　朝鮮戦争休戦協定成立 8月　ソ連、水爆実験成功	
1954	4月　米軍再編計画策定 7月　米軍再編計画修正①→海兵隊二個師団の極東地域残留指示／第三海兵師団に沖縄への移転指示（※結果として保留） 12月 米軍再編計画修正②→第一海兵師団、韓国撤退指示＋第三海兵師団一個連隊、沖縄先行配備の指示→第一海兵航空団の三分の一、日本移転	5月　ディエンビエンフー陥落／第一次台湾海峡危機勃発 7月　ジュネーヴ協定成立 9月　中国軍、金門島砲撃 11月 中国軍、大陳列島空爆	2月　国連軍地位協定締結 3月　第五福竜丸、ビキニ環礁付近で被爆／米国政府、日本政府に在日空軍飛行場5カ所の拡張を要求→立川はじめ地元各地で反対闘争
1955	6月　極東地域の陸軍は韓国に二個師団のみ残留する決定 7月　第三海兵師団第九連隊、沖縄移転	2月　国府、大陳列島放棄 7月　米国、タイへの共産主義勢力の浸透を懸念して第三海兵師団第九連隊を派遣	8月　重光外相訪米、将来的な在日米軍撤退を含む安保改定案を提案 9月　沖縄の海兵隊基地建設計画、承認される

Realist Constraints on Japan's Security Policy", *International Security* 35, No.2 (Fall, 2010): 123-160

McMahon, Robert J., "US National Security Policy from Eisenhower to Kennedy", in *The Cambridge History of the Cold War, Vol.1: Origins, 1945-1962*, ed. Melyn P. Leffler and Odd Arne Westad (Cambridge: Cambridge University Press, 2010)

Miller, Jennifer M., "Fractured Alliance: Anti-Base Protests and Postwar U.S.-Japanese Relations", *Diplomatic History*, Vol. 38, No. 5 (November 2014) : 953-986

2000)
Simmons, Edwin Howard, *The United States Marines: A History*, 4th ed. (Annapolis: Naval Institute Press, 2003)
(2) 論文
五十嵐武士「アイゼンハワー政権の対外政策の解剖――その構造的条件と主要な要因に関連させて」『国際政治』第105号(1994年1月)94-111頁
石井修「冷戦の『五五年体制』」『国際政治』第100号(1992年8月)35-53頁
伊藤裕子「戦後対米認識の変化と国際構造の変動」菅英輝編『東アジアの歴史摩擦と和解可能性――冷戦後の国際秩序と歴史認識をめぐる諸問題』凱風社、2011年、318-345頁
植村秀樹「安保改定と日本の防衛政策」『国際政治』第115号(1997年5月)27-41頁
川名晋史「沖縄における基地集合の偏移と時間性」2016年度日本政治学会研究大会報告論文
菊池努「『敵対』から『和解』へ――オーストラリアの対日政策・1952-1957」『国際研究』第8号(1992年1月)1-80頁
黒崎輝「アメリカの核戦略と日本の国内政治の交錯　1954～60年」同時代史学会編『朝鮮半島と日本の同時代史――東アジア地域共生を展望して』日本経済評論社、2005年、189-233頁
河野康子「日米安保条約改定交渉と沖縄――条約地域をめぐる政党と官僚」坂本一登・五百旗頭薫編『日本政治史の新地平』吉田書店、2013年、429-475頁
西村真彦「一九五七年岸訪米と安保改定(二)」『法学論叢』第179巻第2号(2016年5月)130-158頁
西村真彦「一九五七年岸訪米と安保改定(三)」『法学論叢』第179巻第4号(2016年7月)132-143頁
原彬久「日米安保体制と冷戦」『国際政治』第100号(1992年8月)199-219頁
樋口敏広「核実験問題と日米関係――「教育」過程の生成と崩壊を中心に」『国際政治』第134号(2003年11月)103-120頁
松岡完「1950年代アメリカの同盟再編戦略――統合の模索」『国際政治』第105号(1994年1月)80-93頁
松田圭介「1950年代の反基地闘争とナショナリズム」『年報日本現代史』第12号(2007年)97-105頁
吉次公介「『ナッシュ・レポート』にみる在日・在沖米軍」『沖縄法學』第32号(2003年3月)159-174頁
李鍾元「東アジアにおける冷戦と地域主義」鴨武彦編『講座・世紀間の世界政治　第3巻　アジアの国際秩序――脱冷戦の影響』日本評論社、1993年

IZUMIKAWA, Yasuhiro, "Explaining Japanese Antimilitarism: Normative and

信夫隆司『日米安保条約と事前協議制度』弘文堂、2014年
平良好利『戦後沖縄と米軍基地――「受容」と「拒絶」のはざまで　1945～1972年』法政大学出版局、2012年
東郷文彦『日米外交三十年――安保・沖縄とその後』中公文庫、1989年
豊田祐基子『日米安保と事前協議制度――「対等性」の維持装置』吉川弘文館、2015年
鳥山淳『沖縄／基地社会の起源と相克　1945-1956』勁草書房、2013年
中島信吾『戦後日本の防衛政策――「吉田路線」をめぐる政治・外交・軍事』慶應義塾大学出版会、2006年
中野聡『歴史経験としてのアメリカ帝国――米比関係史の群像』岩波書店、2007年
波多野澄雄『歴史としての日米安保条約――機密外交記録が明かす「密約」の虚実』岩波書店、2010年
野添文彬『沖縄返還後の日米安保――米軍基地をめぐる相克』吉川弘文館、2016年
林博史『米軍基地の歴史――世界ネットワークの形成と展開』吉川弘文館、2012年
原彬久『戦後日本と国際政治――安保改定の政治力学』中央公論社、1988年
福田円『中国外交と台湾――「一つの中国」原則の起源』慶應義塾大学出版会、2013年
宮里政玄『日米関係と沖縄　1945-1972』岩波書店、2000年
森田一（服部龍二・昇亜美子・中島琢磨編）『心の一燈　回想の大平正芳――その人と外交』第一法規、2010年
屋良朝博『砂上の同盟――米軍再編が明かすウソ』沖縄タイムス社、2009年
屋良朝博『誤解だらけの沖縄・米軍基地』旬報社、2012年
吉田真吾『日米同盟の制度化――発展と深化の歴史過程』名古屋大学出版会、2012年
李鍾元『東アジア冷戦と韓米日関係』東京大学出版会、1996年
渡辺昭夫『戦後日本の政治と外交――沖縄問題をめぐる政治過程』福村出版、1970年
Craig, Campell, and Logevall, Fredrik, *America's Cold War: The Politics of Insecurity* (Cambridge: Harvard University Press, 2009)
Dockrill, Saki, *Eisenhower's New-Look National Security Policy, 1953-61* (New York: St. Martin's Press, 1996)
Gaddis, John Lewis, *Strategies of Containment: A Critical Appraisal of American National Security Policy during the Cold War*, revised and expanded edition (New York: Oxford University Press, 2005 [1982])
Leffler, Melyn P., *For the Soul of Mankind: the United States, the Soviet Union, and the Cold War* (New York: Hill and Wang, 2007)
Sarantakes, Nicholas Evan, *Keystone: The American Occupation of Okinawa and U.S.-Japanese Relations* (Texas: Texas A&M University Press College Station,

Policy, (Washington, D.C.: U.S. Government Printing Office, 1990)
Foreign Relations of the United States, 1955-1957, Vol. XXIII, Part 1, Japan (Washington, D.C.: U.S. Government Printing Office, 1991)
Reference Section Historical Branch, *The 3d Marine Division and Its Regiments* (Washington, D.C.: History and Museums Division Headquarters, U.S. Marine Corps, 1983)
Watson, Robert J., *The Joint Chiefs of Staff and National Policy 1953-1954* (Washington D.C.: Office of Joint History, Joint Chiefs of Staff, 1998)

二次史料

（1）書籍

朝日新聞安全保障問題調査会編『アメリカ戦略下の沖縄』朝日新聞社、1967 年
新崎盛暉『沖縄現代史（新版）』岩波新書、2005 年
池田慎太郎『日米同盟の政治史――アリソン駐日大使と「1955 年体制」の成立』国際書院、2004 年
池田慎太郎『独立完成への苦闘　1952 ～ 1960』吉川弘文館、2012 年
石原昌家『援護法で知る沖縄戦認識――捏造された「真実」と靖国神社合祀』凱風社、2016 年
NHK 取材班『基地はなぜ沖縄に集中しているのか』NHK 出版、2011 年
太田昌克『日米「核密約」の全貌』筑摩選書、2011 年
沖縄県遺族連合会三十周年記念誌『還らぬ人とともに』沖縄県遺族連合会、1982 年
沖縄県祖国復帰協議会・原水爆禁止沖縄県協議会編『沖縄県祖国復帰運動史』沖縄時事出版社、1964 年
我部政明『戦後日米関係と安全保障』吉川弘文館、2007 年
カルダー、ケント・E『米軍再編の政治学――駐留米軍と海外基地のゆくえ』日本経済新聞出版社、2008 年（Kent E. Calder, *Embattled Garrisons: Comparative Base Politics and American Globalism*, Princeton University Press, 2007）
川名晋史『基地の政治学――戦後米国の海外基地拡大政策の起源』白桃書房、2012 年
倉科一希『アイゼンハワー政権と西ドイツ――同盟政策としての同盟軍備管理交渉』ミネルヴァ書房、2008 年
黒崎輝『核兵器と日米関係――アメリカの核不拡散外交と日本の選択 1960-1976』有志舎、2006 年
河野康子『沖縄返還をめぐる政治と外交――日米関係史の文脈』東京大学出版会、1994 年
坂元一哉『日米同盟の絆――安保条約と相互性の模索』有斐閣、2000 年
佐々木卓也『アイゼンハワー政権の封じ込め政策――ソ連の脅威、ミサイル・ギャップ論争、東西交流』有斐閣、2008 年

Record Group 313 [The Naval Operating Forces]
General Files, 1954-1956
④ Dwight D. Eisenhower Presidential Library, Abilene, Kansas
Dulles, John Foster, Papers, 1951-1959
JFD Chronological Series
General Correspondence and Memoranda Series
Paper of John Foster Dulles
White House Memoranda Series
Telephone Calls Series
White House Office, Office of the Staff Secretary: Records of Paul T. Carroll, Andrew J. Goodpaster, L. Arthur Minnich, and Christopher H. Russell, 1952-1961, Subject Series, Department of Defense Subseries
White House Office, Office of the Special Assistant for National Security Affairs: Records, 1952-1961, OCB Series, Subject Subseries
Paper as Dwight D. Eisenhower as President of the United States (Ann Whitman File)
White House Office, National Security Council Staff, Papers
1953-1961, Special Staff File Series
1948-1961, Disaster File
⑤ National Archives of Australia, Canberra
Japan US Policy, Part 1
Japan - Foreign Policy - Relations with USA - US Policy towards Japan, Part 7
Japan - Foreign Policy - Relations with USA - US Policy towards Japan, Part 8
A10302, 1957/1171

（2）公刊史料

石井修・小野直樹監修『アメリカ合衆国対日政策文書集成　第 IV 期　日米外交防衛問題 1957 年』柏書房、1998 年
石井修・小野直樹監修『アメリカ合衆国対日政策文書集成　第 V 期　日米外交防衛問題 1958 年』柏書房、1998 年
石井修・小野直樹監修『アメリカ合衆国対日政策文書集成　第 VI 期　日米外交防衛問題 1955 年』柏書房、1999 年
石井修・小野直樹監修『アメリカ合衆国対日政策文書集成　第 VII 期　日米外交防衛問題 1956 年』柏書房、1999 年
Foreign Relations of the United States, 1952-1954, Vol. XIV, China and Japan, Part 2, (Washington, D.C.: U.S. Government Printing Office, 1985)
Foreign Relations of the United States, 1955-1957, Vol. II, China, (Washington, D.C.: U.S. Government Printing Office, 1986)
Foreign Relations of the United States, 1955-1957, Vol. XIX, National Security

参考文献

一次史料

（1）未公刊史料

① 外務省

外交記録公開文書
歴史資料として価値が認められる開示文書（写し）
いわゆる「密約」問題に関する調査結果その他関連文書（296点）
いわゆる「密約」問題に関する有識者委員会報告書

② 沖縄県公文書館

Dwight D. Eisenhower Presidential Library, Abilene, Kansas
White House Office, National Security Council Staff, Papers, 1948-1961
Office of the Special Assistant for National Security
Office of the Staff Secretary, Subject Series
Papers as Dwight D. Eisenhower as President of the United States (Ann Whitman File)
John Foster Dulles, Papers, 1951-1959, JFD Chronological Series

③ National Archives II, College Park, Maryland

Record Group 84 [Foreign Service Post of the Department of State]
General Records, 1936-1963
Record Group 59 [The Department of State]
Lot Files
Bureau of Far Eastern Affairs
Records of the Bureau of Far Eastern Affairs, 1954
Subject Files Relating to Japan, 1954-1959
Correspondence and Subject Files, 1959
Bureau of European Affairs
Office of Atlantic Political and Military Affairs, Subject Files, 1953-1962
Record Group 218 [The Joint Chiefs of Staff]
Geographic File, 1954-1956
Geographic File, 1957
Geographic File, 1958
Central Decimal File, 1959
Central Decimal File, 1960
Chairman's File Admiral Radford, 1953-1957
Record Group 260 [U.S. Civil Administrations of the Ryukyu Islands]
Records of Liaison Department

(10) 波多野『歴史としての日米安保条約』175-178頁。

(11) 森田一（服部龍二ほか編）『心の一燈　回想の大平正芳――その人と外交』第一法規、2010年、258-276頁。

(12) 朝日新聞安全保障問題調査会編『アメリカ戦略下の沖縄』朝日新聞社、1967年、49頁。

(13) 吉田真吾『日米同盟の制度化――発展と深化の歴史過程』名古屋大学出版会、2012年、148、195頁。

(14) 朝日新聞安全保障問題調査会編『アメリカ戦略下の沖縄』11-76頁。

(15) 野添文彬『沖縄返還後の日米安保――米軍基地をめぐる相克』吉川弘文館、2016年。

(90)「日本国とアメリカ合衆国との間の相互協力及び安全保障条約第6条に基づく施設及び区域並びに日本国における合衆国軍隊の地位に関する協定（日米地位協定)」http://www.mofa.go.jp/mofaj/area/usa/sfa/kyoutei/；琉球新報編『外務省機密文書――日米地位協定の考え方　増補版』高文研、2004年。

結論

（1）Statement of U.S. Policy toward Japan, attachment with National Security Council Report, June 11, 1960, U.S. Department of State, *Foreign Relations of the United States: Diplomatic Papers, 1958-1960, Vol. XVIII*, 337.

（2）「海外の目」『エコノミスト別冊　安保にゆれた日本の記録1960年5月―7月』毎日新聞社、1960年、55-56頁。

（3）たとえば、当時の『東京新聞』は、岸を「天皇の名によって戦争という大バクチをやり、甘いしるを思いきりすった、このキツネ」と評し、「アイクの訪日も、トラの威をかりようとするキツネの悪ヂエ計画だ」と批判した（「放射線」『東京新聞』1960年6月12日付記事)。鶴見俊輔も、「戦時の革新官僚であり開戦当時の大臣でもあった岸信介が総理大臣になったことは、すべてがうやむやにおわってしまうという特殊構造を日本の精神史がもっているかのように考えさせた」「岸首相ほど見事に、昭和時代における日本の支配者を代表するものはない」と岸を戦前「ファシズム」の体現者と見なした。そして、「日本で現在たたかわれているのは、実質的には敗北前に日本を支配した国家と敗北後にうまれた国家との二つの国家のたたかいである」と主張している（鶴見俊輔「根もとからの民主主義」『思想の科学』第19号1960年7月号、46、50頁)。丸山眞男や竹内好、野上彌生子も1960年当時、同様の発言を行っている（小熊英二『民主と愛国』岩波書店、2002年、510-514頁)。

（4）同上。

（5）自由民主党政務調査会編『日米安保条約をなぜ改定するか――日本の独立と安全と繁栄のために』自由民主党広報委員会出版局、1959年8月。

（6）波多野澄雄『歴史としての日米安保条約――機密外交記録が明かす「密約」の虚実』岩波書店、2010年、125頁。

（7）From Australian Embassy of Washington to Department of External Affairs, 20th and 27th August, 1959, Japan US Policy, Part 1, National Archives of Australia, Canberra.

（8）たとえば、1965年4月15日衆議院本会議における松本七郎議員の「緊迫するベトナム情勢に関する緊急質問」(http://kokkai.ndl.go.jp/SENTAKU/syugiin/048/0512/04804150512032a.html)。

（9）「東郷和彦氏が提出した文書について」平成22年3月19日、2-3頁、『いわゆる「密約」問題の調査について』外務省HP。http://www.mofa.go.jp/mofaj/gaiko/pdfs/togo_memo.pdf/

Bureau of Far Eastern Affairs Correspondence and Subject Files, 1959, RG59, NA.

(69) "State-Defense Discussion Concerning Revision of Japanese Security," September 9, 1958, *FRUS, 1958-1960, Vol. XVIII*, 65.

(70) 春名「朝鮮半島有事と事前協議」50-51 頁。

(71) 同上、50 頁。

(72) From CINCPAC to JCS, 4 December 1959, From CINCPAC to JCS, 23 December 1959, and From JCS to CINCPAC, 24 December 1959, Box 133, Central Decimal File, 1959, RG218, NA.

(73) 波多野『歴史としての日米安保条約』137-138 頁。

(74) 同上、103-104 頁。

(75) 原『戦後日本と国際政治』230-231 頁、243 頁、272 頁。

(76) 林『米軍基地の歴史』95-97 頁。

(77) 原『戦後日本と国際政治』234 頁。

(78) 波多野『歴史としての日米安保条約』104-105 頁。

(79) Background Information on Security Treaty - Japan, attached with Joint Chiefs of Staff Decision on JCS 2180/133, 9 May 1959, Box 133, Central Decimal File 1959, RG218, NA.

(80) 波多野『歴史としての日米安保条約』96-97 頁。

(81) 池田『独立完成への苦闘』165-167 頁。

(82) "Japanese Political Situation and Proposed Revision on Security Treaty", from Australian Embassy of Tokyo to the Secretary of Department of External Affairs, 3rd December, 1958, Japan US Policy Part 1, NAA.

(83) "Japan - U.S. Security Treaty", from Australian Embassy of Tokyo to Department of External Affairs, 13th April 1959, Japan US Policy Part 1, NAA.

(84) 原『戦後日本と国際政治』377-378 頁。

(85) Memorandum for the Chief of Naval Operations by Assistant Secretary of Defense, International Security Affairs, 10 March 1959, Box 133, Central Decimal File 1959, RG218, NA ; Note by the Secretaries to the Holder of JCS 2180/124, 2 October 1958, Sec.27, Box 8, Geographic File 1958, RG218, NA.

(86) Background Information on Security Treaty - Japan, attached with Joint Chiefs of Staff Decision on JCS 2180/133, 9 May 1959, Box 133, Central Decimal File 1959, RG218, NA.

(87) "Coordination of Japanese Treaty Letters", Memorandum for the Chief of Naval Operations, 27 March 1959, Box 133, Central Decimal File 1959, RG218, NA.

(88) 波多野『歴史としての日米安保条約』125-128 頁、141-143 頁。

(89) 同上、142-143 頁。

(44) "Japan-U.S. Mutual Security Treaty", From Australian Embassy of Tokyo to the Department of External Affairs, 30th May, 1959, Japan US Policy Part 1, NAA.

(45) 波多野『歴史としての日米安保条約』148 頁。

(46) "Japan/United States Security Treaty", From Australian Embassy of Tokyo to the Department of External Affairs, 15th October 1959, Japan US Policy Part 1, NAA.

(47) 波多野『歴史としての日米安保条約』147-149 頁、157-158 頁。

(48) 池田慎太郎『独立完成への苦闘 1952-1960』吉川弘文館、2012 年、175 頁。

(49) "The Situation in the Far East", September 24, 1959, Box 5, Correspondence and Subject Files, 1959, Bureau of Far Eastern Affairs, Miscellaneous Lot Files, RG59, NA.

(50) Note by the Secretaries to the Holder of JCS 2180/124, 2 October 1958, Sec.27, Box 8, Geographic File 1958, RG218, NA.

(51) Ibid.

(52) Ibid.

(53) 波多野『歴史としての日米安保条約』82-85 頁。

(54) 太田『日米「核密約」の全貌』71 頁。

(55) 波多野『歴史としての日米安保条約』118-125 頁。

(56) 同上、171-172 頁。

(57) 同上、173 頁。

(58) 佐々木「アメリカの世界戦略と日本」13-18 頁。

(59) From Australian Embassy of Washington to Department of External Affairs, 26th March 1959, Japan US Policy Part 1, NAA.

(60) 河野『沖縄返還をめぐる政治と外交』184-186 頁；波多野『歴史としての日米安保条約』165 頁。

(61) 波多野『歴史としての日米安保条約』121-125 頁、165-174 頁；太田『日米「核密約」の全貌』121-127 頁。

(62) From the Department of State to the Embassy in Japan, September 29, 1958, *FRUS, 1958-1960, Vol. XVIII*, 89.

(63) 波多野『歴史としての日米安保条約』133-134 頁。

(64) 春名幹男「第三章 朝鮮半島有事と事前協議」外務省『いわゆる「密約」問題に関する有識者委員会報告書』49-50 頁。

(65) From the Embassy in Japan to the Department of State, June 10, 1959, *FRUS, 1958-1960, Vol. XVIII*, 188-190.

(66) 坂元『日米同盟の絆』260-261 頁。

(67) 波多野『歴史としての日米安保条約』136-137 頁。

(68) "Meeting with Foreign Minister Fujiyama of Japan", September 22 1959, Box 5,

(29) "Renegotiation of Japanese Security Treaty", Memorandum for the Secretary of Defense by Assistant Secretary of Defense, 27 September 1958, Sec.27, Box 8, Geographic File 1958, RG218, NA.
(30) "Record of Conversation with Sneider on Revision of the United States/Japan Security Treaty", 27th October, 1958, Japan US Policy Part 1, NAA.
(31) Summary of Meeting at the White House on the Taiwan Straits Situation, August 29, 1958, *Foreign Relations of the United States: Diplomatic Papers* [hereafter *FRUS*], *1958-1960, Vol. XIX* (Washington, D.C.: U.S. Government Printing Office, 1996), 97.
(32) 福田『中国外交と台湾』162-165頁、167頁；"Record of Conversation with Sneider on Revision of the United States/Japan Security Treaty", 27th October, 1958, Japan US Policy Part 1, NAA.
(33) From Australian Embassy of Washington to Department of External Affairs, 15th September, 1958, Japan US Policy Part 1, NAA.
(34) "Renegotiation of Japanese Security Treaty", Memorandum for the Secretary of Defense by Assistant Secretary of Defense, 27 September 1958, Sec.27, Box 8, Geographic File 1958, RG218, NA.
(35) 波多野『歴史としての日米安保条約』82-85頁。
(36) 同上、84-85頁、117-121頁。
(37) 佐々木卓也「第一章　アメリカの世界戦略と日本」外務省発表『いわゆる「密約」問題に関する有識者委員会報告書』2010年3月9日、14頁。http://www.mofa.go.jp/mofaj/gaiko/mitsuyaku/pdfs/hokoku_yushiki.pdf#search = '%E5%AF%86%E7%B4%84+%E5%A7%94%E5%93%A1%E4%BC%9A+%E5%A0%B1%E5%91%8A%E6%9B%B8'
(38) "The Definition of 'Operational Use' of U.S. Bases", Memorandum for the Assistant Secretary of Defense (ISA) by Deputy Chief of Naval Operations, 23 October, 1958, Sec. 28, Box 8, Geographic File 1958, RG218, NA.
(39) Ibid.
(40) 波多野『歴史としての日米安保条約』118頁。
(41) 同上、122頁。
(42) Arthur O'Neil, "Fifth Air Force in the Taiwan Straits Crisis of 1958", December 31, 1958, 19-26, in National Security Archive Electronic Briefing Book, "Air Force Histories Show Cautious Presidents Overruling Air Force Plans for Early Use of Nuclear Weapons," at http://www.gwu.edu/~nsarchiv/nukevault/ebb249/doc12.pdf (Accessed on March 6, 2013).
(43) "Japan-U.S. Mutual Security Treaty", From Australian Embassy of Tokyo to the Department of External Affairs, 21st May 1959, Japan US Policy Part 1, NAA.

（8）原彬久『戦後日本と国際政治——安保改定の政治力学』中央公論社、1988年、229-232頁、300-309頁。

（9）同上、300-309頁。

（10）平良好利『戦後沖縄と米軍基地——「受容」と「拒絶」のはざまで 1945-1972年』法政大学出版局、2012年、178-190頁；林博史『米軍基地の歴史——世界ネットワークの形成と展開』吉川弘文館、2012年、106頁。

（11）平良『戦後沖縄と米軍基地』178-190頁。

（12）同上、188頁。

（13）Memorandum for the Secretary of Defense by JCS, 1 May 1958, Sec.27, Box 8, Geographic File 1958, RG218, NA. From Robertson to Dulles, June 27, 1958, Box 2, Correspondence and Subject Files, 1958, Bureau of Far Eastern Affairs, Lot Files, RG59, NA.

（14）平良『戦後沖縄と米軍基地』188-189頁。

（15）同上、189-190頁。

（16）同上、190, 201頁。

（17）Memorandum for the Secretary of Defense by JCS, 1 May 1958, Sec.27, Box 8, Geographic File 1958, RG218, NA.

（18）From CINCPAC to Chief of Naval Operations, 1 July, 1958, Sec.27, Box 8, Geographic File 1958, RG218, NA.

（19）平良『戦後沖縄と米軍基地』199-206頁；河野康子『沖縄返還をめぐる政治と外交——日米関係史の文脈』東京大学出版会、1994年、162-183頁。

（20）波多野『歴史としての日米安保条約』87-93頁；坂元『日米同盟の絆』246-247頁；河野「日米安保条約改定交渉と沖縄」450-468頁。

（21）“United States-Japan Security Treaty”, From Australian Embassy of Washington to the Department of External Affairs, 9th December 1958, Japan US Policy Part 1, the National Archives of Australia, Canberra [hereafter NAA].

（22）波多野『歴史としての日米安保条約』115-116頁。

（23）東郷文彦『日米外交三十年——安保・沖縄とその後』中公文庫、1989年、79-80頁。

（24）Memorandum by the Chief of Naval Operations for the Joint Chiefs of Staff, 13 November 1958, Sec.29, Box 8, Geographic File 1958, RG218, NA.

（25）Memorandum for the Secretary of Defense, 1 December 1958, Sec.29, Box 8, Geographic File 1958, RG218, NA.

（26）明田川融『沖縄基地問題の歴史——非武の島、戦の島』みすず書房、2008年、197-198頁。

（27）平良『戦後沖縄と米軍基地』206-207頁。

（28）福田円『中国外交と台湾——「一つの中国」原則の起源』慶應義塾大学出版会、2013年、148-153頁。

(72) Memorandum of Conversation between State-Defense, September 9, 1958, *FRUS 1958-1960, Vol. XVIII* (Washington, D.C.: U.S. Government Printing Office, 1994), 64-69.

(73) Memorandum of Conversation with the President, September 11, 1958, Box 14, Dulles Papers 1951-1959, JFD Chronological Series, DDEL.

(74) Memorandum of Conversation, September 11, 1958, *FRUS 1958-1960, Vol. XVIII*, 73-81.

(75) Memorandum for the Commander in Chief, Pacific by JCS, 26 September 1958, Box 9, Geographic File 1958, RG218, NA.

(76) Ibid.

(77) Ibid.

(78) Ibid.

(79) Ibid.

(80) 太田『日米「核密約」の全貌』101 頁。

(81) "Departmental Recommendations on the Release of Marginal US-Held Overseas Military Lands and Installations and Related Matters", November 19, 1958, Folder 4.7, Box 9, Subject Files, 1953-1962, Bureau of European Affairs, RG59, NA.

(82) "Revision of U.S. Security Treaty" by Department of External Affairs, 12th November, 1959, Japan US Policy Part 1, NAA.

第 4 章

(1) 波多野澄雄『歴史としての日米安保条約——機密外交記録が明かす「密約」の虚実』岩波書店、2010 年；黒崎輝「安保改定交渉以前の核持ち込みをめぐる国会論議と日米外交の再検証——核密約の淵源を求めて」『PRIME』第 33 号(2011 年 3 月) 3-21 頁；太田昌克『日米「核密約」の全貌』筑摩選書、2011 年；信夫隆司『日米安保条約と事前協議制度』弘文堂、2014 年。

(2) 波多野『歴史としての日米安保条約』85-89 頁。

(3) 坂元一哉『日米同盟の絆——安保条約と相互性の模索』有斐閣、2000 年、235-247 頁；河野康子「日米安保条約改定交渉と沖縄——条約地域をめぐる政党と官僚」坂本一登・五百旗頭薫編『日本政治史の新地平』吉田書店、2013 年、429-475 頁。

(4) Note by the Secretaries to the Holder of JCS 2180/124, 2 October 1958, Sec.27, Box 8, Geographic File 1958, National Archives II, College Park, Maryland [hereafter NA].

(5) 坂元『日米同盟の絆』248-251 頁。

(6) 太田昌克『日米「核密約」の全貌』筑摩選書、2011 年、119-127 頁。

(7) 波多野『歴史としての日米安保条約』103-104 頁。

(51) From Green to Robertson, August 12, 1957, Folder 4-B.4, Box 9, Subject Files Relating to Japan, 1953-1959, RG59, NA.

(52) Ibid. Memorandum for the Secretary of Defense by JCS, February 21, 1958, Folder 4.7, Box 9, Subject Files, 1953-1962, Bureau of European Affairs, RG59, NA.

(53) Memorandum for the National Security Council, March 17, 1958, Folder 4.7, Box 9, Subject Files, 1953-1962, Bureau of European Affairs, RG59, NA.

(54) 吉田『日米同盟の制度化』57頁。

(55) 佐々木『アイゼンハワー政権の封じ込め政策』141頁。

(56) 倉科『アイゼンハワー政権と西ドイツ』92頁。

(57) Supplement to the Minutes of the OCB Meeting of August 20, 1958, 沖縄県公文書館 (0000073492).

(58) From Robertson to the Acting Secretary, January 28, 1958；石井修・小野直樹監修『アメリカ合衆国対日政策文書集成　第Ｖ期　日米外交防衛問題1958年』第1巻、柏書房、1998年、163頁。

(59) 坂元『日米同盟の絆』195-200頁。

(60) From Robertson to Dulles, April 21, 1958, Folder Japan, Jan-June, 1958, Box 2, Correspondence and Subject Files, 1958, Bureau of Far Eastern Affairs, Lot Files, RG59, NA.

(61) 吉田『日米同盟の制度化』58-60頁。

(62) From CINCPAC to Chief of Naval Operations, 1 July, 1958, Sec. 27, Box 8, Geographic File 1958, RG218, NA.

(63) Ibid.

(64) Ibid.

(65) From CINCPAC to Chief of Naval Operations, 1 July, 1958, Sec. 27, Box 8, Geographic File 1958, RG218, NA.

(66) Memorandum by the Chief of Naval Operations for JCS, 31 July, 1958, Sec. 27, Box 8, Geographic File 1958, RG218, NA.

(67) Memorandum for the Chairman, JCS by the Secretary of Defense, 8 August, 1958, Sec. 27, Box 8, Geographic File 1958, RG218, NA.

(68) From CINCPAC to JCS, 20 August 1958, Sec. 27, Box 8, Geographic File 1958, RG 218, NA.

(69) Note by the Secretary to the JCS, 10 September 1958, Sec.27, Box 8, Geographic File 1958, RG 218, NA.

(70) Report by the J-5 to the JCS, 22 September 1958, Sec. 28, Box 8, Geographic File 1958, RG 218, NA.

(71) Report by the J-5 to the JCS, 5 September 1958 and JCS Decision on JCS 2180/120, 10 September 1958, Sec. 28, Box 8, Geographic File 1958, RG 218, NA.

(37) From Tokyo to the Department of State, July 31, 1958, U.S. Department of State, *Foreign Relations of the United States: Diplomatic Papers* [hereafter *FRUS*], *1958-60, Vol. XVIII,* (Washington, D.C.: U.S. Government Printing Office, 1994), 43-44.

(38)「大臣より米大使に懇談すべき当面の安全保障問題について」昭和33年5月24日アメリカ局安保課長、出典前掲註(36)。

(39)「日米安全保障新条約の基本問題」1958年12月9日アメリカ局安保課長、外務省『いわゆる「密約」問題に関する調査その他関連文書—— 1. 1960年1月の安保条約改定時の核持込みに関する「密約」問題関連』4分冊の2。http://www.mofa.go.jp/mofaj/gaiko/mitsuyaku/pdfs/k_1960kaku2.pdf.

(40)「安保条約改正に関する件(大臣・政務次官等の覚書他演説用)」昭和33年11月19日アメリカ局参事官、出典前掲註(39)。

(41)「日米間の安全保障問題に関する件」昭和33年7月21日アメリカ局安保課、「安全保障に関する当面の諸問題について(大臣説明案)」昭和33年7月26日アメリカ局安保課、出典前掲註(39)。

(42) 東郷文彦『日米外交三十年——安保・沖縄とその後』中公文庫、1989年、64頁;坂元『日米同盟の絆』204-206頁。

(43) "Composite Record of Conversation with American Ambassador on 28th August and 3rd September, 1958" by Australian Embassy of Tokyo, 4th September, 1958, Japan US Policy, Part 1, National Archives of Australia, Canberra [hereafter NAA].

(44) Ibid.

(45) Ibid.

(46) "Record of Conversation with Sneider (American Embassy) on Revision of the United States/Japan Security Treaty", 27th October, 1958, Japan US Policy, Part 1, NAA.

(47) From Australian Embassy of Washington to Department of External Affairs, 15th September, 1958, Japan US Policy, Part 1, NAA.

(48) Memorandum for the NSC Planning Board, February 12, 1958 and Memorandum for the National Security Council, February 14, 1958, Folder 4.6, Box 9, Subject Files, 1953-1962, Bureau of European Affairs, RG59, NA.

(49) Memorandum to Cutler, January 28, 1958, Box 3, Subject Subseries, OCB Series, 1952-1961, Office of the Special Assistant for National Security Affairs, Dwight D. Eisenhower Library, Abilene, Kansas [hereafter DDEL].

(50) Memorandum for the Secretary of Defense by JCS, 1 May 1958, Sec.27, Box 8, Geographic File 1958, RG218, NA. From Robertson to Dulles, June 27, 1958, Box 2, Correspondence and Subject Files, 1958, Bureau of Far Eastern Affairs, Lot Files, RG59, NA.

(18) Ibid.

(19) United States Overseas Military Bases, Report to the President by Frank C. Nash ; Memorandum for the NSC Planning Board.

(20) Memorandum for the NSC Planning Board.

(21) United States Overseas Military Bases, Report to the President by Frank C. Nash.

(22) Memorandum for the Commander in Chief, Pacific by the JCS, 26 September 1958, Box 9, Geographic File 1958, RG218, NA.

(23) United States Overseas Military Bases, Report to the President by Frank C. Nash.

(24) Ibid.

(25) Ibid.

(26) Meeting of Departmental Working Group on Implementation of Nash Report, February 2, 1959, Folder 4.7, Box 9, Office of Atlantic Political and Military Affairs, Bureau of European Affairs, Subject Files, 1953-1962, RG59, NA.

(27) 我部政明『日米関係のなかの沖縄』三一書房、1996年、134頁。

(28) 倉科『アイゼンハワー政権と西ドイツ』89-91頁、135-136頁；林博史『米軍基地の歴史――世界ネットワークの形成と展開』吉川弘文館、2012年、177頁。

(29) 倉科『アイゼンハワー政権と西ドイツ』89頁。

(30) Memorandum of Conversation with the President by JF Dulles, April 1 1958, White House, Meetings with the President, Jan-Jun 30, 1958 (5), 沖縄県公文書館 (0000098530).

(31) Saki Dockrill, *Eisenhower's New-Look National Security Policy, 1953-61* (New York: St. Martin's Press, 1996), 256-259.

(32) Memorandum of Conversation with the President by JF Dulles, April 1 1958, White House, Meetings with the President, Jan-Jun 30, 1958 (5), 沖縄県公文書館 (0000098530).

(33) 倉科『アイゼンハワー政権と西ドイツ』84-85頁。

(34) 佐々木卓也「第一章　アメリカの世界戦略と日本」外務省発表『いわゆる「密約」問題に関する有識者委員会報告書』2010年3月9日、16-17頁。

(35) 波多野澄雄『歴史としての日米安保条約――機密外交記録が明かす「密約」の虚実』岩波書店、2010年、7-11頁；太田昌克『日米「核密約」の全貌』筑摩選書、2011年、48-54頁。

(36)「大臣より米大使に懇談すべき当面の安全保障問題について」昭和33年5月24日アメリカ局安保課長、外務省『いわゆる「密約」問題に関する調査その他関連文書―― 1. 1960年1月の安保条約改定時の核持込みに関する「密約」問題関連』4分冊の1。http://www.mofa.go.jp/mofaj/gaiko/mitsuyaku/pdfs/k_1960kaku1.pdf

(101) 河野『沖縄返還をめぐる政治と外交』158-161 頁。

(102) From Deming to Sneider, December 23, 1957, Box 183, General Records, 1936-1963, Entry UD 2826, RG84.

(103) 河野『沖縄返還をめぐる政治と外交』129 頁。

第３章

(1) 佐々木卓也『アイゼンハワー政権の封じ込め政策――ソ連の脅威、ミサイル・ギャップ論争と東西交流』有斐閣、2008 年、85-100 頁。

(2) 倉科一希『アイゼンハワー政権と西ドイツ――同盟政策としての東西軍備管理交渉』ミネルヴァ書房、2008 年、89-91 頁。

(3) 佐々木卓也「第一章　アメリカの世界戦略と日本」外務省発表『いわゆる「密約」問題に関する有識者委員会報告書』2010 年 3 月 9 日、16-17 頁。http://www.mofa.go.jp/mofaj/gaiko/mitsuyaku/pdfs/hokoku_yushiki.pdf#search = '%E5%AF%86%E7%B4%84+%E5%A7%94%E5%93%A1%E4%BC%9A+%E5%A0%B1%E5%91%8A%E6%9B%B8'.

(4) 坂元一哉『日米同盟の絆――安保条約と相互性の模索』有斐閣、2000 年、192-193 頁；吉田真吾『日米同盟の制度化――発展と深化の歴史過程』名古屋大学出版会、2012 年、57-58 頁。

(5) 佐々木『アイゼンハワー政権の封じ込め政策』85-100 頁。

(6) Memorandum for the NSC Planning Board, Jan 17, 1958, Folder 4.7, Box 9, Office of Atlantic Political and Military Affairs, Bureau of European Affairs, Subject Files, 1953-1962, RG59, National Archives II, College Park, Maryland [hereafter NA].

(7) United States Overseas Military Bases, Report to the President by Frank C. Nash, December 1957, 沖縄県公文書館（0000073452).

(8) Memorandum for the NSC Planning Board, Jan 17, 1958, Folder 4.7, Box 9, Office of Atlantic Political and Military Affairs, Bureau of European Affairs, Subject Files, 1953-1962, RG59, NA.

(9) Ibid.

(10) Ibid.

(11) Ibid.

(12) Ibid.

(13) Ibid.

(14) United States Overseas Military Bases, Report to the President by Frank C. Nash, December 1957, 沖縄県公文書館（0000073452).

(15) Ibid.

(16) Ibid.

(17) Ibid.

(80) 河野『沖縄返還をめぐる政治と外交』155-156 頁。

(81) Memorandum of a Conversation between Dulles and Kishi, June 20, 1957, *FRUS, 1955-1957, Vol. XXIII*, 377-386.

(82) 沖縄県遺族連合会三十周年記念誌『還らぬ人とともに』沖縄県遺族連合会、1982 年、50-60 頁；「沖縄戦 Q&A —— Q2：沖縄戦による死亡者数は？」沖縄県平和祈念資料館 HP。http://www.peace-museum.pref.okinawa.jp/heiwagakusyu/kyozai/qa/q2.html

(83) 渡辺昭夫『戦後日本の政治と外交——沖縄問題をめぐる政治過程』福村出版、1970 年、30 頁；河野『沖縄返還をめぐる政治と外交』98-99 頁。

(84) From American Embassy of Tokyo to Commander-in-Chief of Far East, September 12, 1952, Box 162, General Records, 1936-1963, Entry UD 2826, RG84, NA.

(85) "Petition to Japanese Government for Relief of War Sufferers", 24 July 1952, Box 282, GRI Legislative Action File, 1952, RG260, NA.

(86) "Preparatory Measures for the Payment of Pensions and Condolence Money", 17 November 1953, Box 62, Records of Liaison Department (HCRI-LN), RG260, NA.

(87) 河野『沖縄返還をめぐる政治と外交』89 頁、99-101 頁。

(88) "Visit of Diet Delegation to the Ryukyus", August 18, 1953, Box 172, General Records, 1936-1963, Entry UD 2826, RG84, NA.

(89) Memorandum by Robertson to Smith, October 29, 1953, *FRUS, 1952-1954, Vol. XIV, Part 2*, 1543.

(90) From United States Civil Administration of the Ryukyu Islands Office of the Deputy Governor to Chief Japanese Government Nanpo Liaison Office, November 23, 1953, Box 62, Records of Liaison Department (HCRI-LN), RG260, NA.

(91) 宮里政玄『日米関係と沖縄　1945-1972』岩波書店、2000 年、87-88 頁。

(92) 沖縄遺族連合会『還らぬ人とともに』76-77 頁。

(93) 平良『戦後沖縄と米軍基地』105-107 頁。

(94) 沖縄遺族連合会『還らぬ人とともに』91 頁。

(95) From Headquarters of Far East Command to American Ambassador of Tokyo, 16 April 1955, Box 172, General Records, 1936-1963, Entry UD 2826, RG84.

(96) 河野『沖縄返還をめぐる政治と外交』123 頁。

(97) 沖縄遺族連合会『還らぬ人とともに』92 頁、106-107 頁。

(98) 河野『沖縄返還をめぐる政治と外交』128-136 頁。

(99)「沖縄戦 Q&A」沖縄県平和記念資料館 HP。

(100) 沖縄遺族連合会『還らぬ人とともに』94-95 頁。

(60) 吉田『日米同盟の制度化』55-56 頁。

(61) 同上、52 頁。

(62) 植村「安保改定と日本の防衛政策」32 頁。

(63) Memorandum of a Conversation between Dulles and Kishi, June 20, 1957, *FRUS, 1955-1957, Vol. XXIII*, 377-386.

(64) 中島信吾『戦後日本の防衛政策——「吉田路線」をめぐる政治・外交・軍事』慶應義塾大学出版会、2006 年、125-127 頁。

(65) From Headquarters, Far East Command and United Nations Command Office of the Commander in Chief to Chairman, Joint Chiefs of Staff and Department of Defense, 4 June 1957, Folder Japan (12-12-50), Box 12, Geographic File 1957, RG218, NA.

(66) Memorandum for the Department of Defense by JCS, 13 June 1957, Folder Japan (12-12-50), Box 12, Geographic File 1957, RG218, NA.

(67) 河野康子『沖縄返還をめぐる政治と外交——日米関係史の文脈』東京大学出版会、1994 年、155-156 頁。

(68) Memorandum for Record, July 22, 1957, Box 1, White House Office, Office of the Staff Secretary, 1952-1961, Subject Series, Department of Defense Subseries, DDEL.

(69) Report by the Joint Strategic Plan Committee to the Joint Chiefs of Staff, 5 April 1955, Sec. 26, Box 18, Geographic File 1954-56, RG218, NA.

(70) 林『米軍基地の歴史』93 頁；うちなだ・きてみてねっと「遺跡　米軍試射場射撃指揮所・着弾地観測所跡」http://uchinada.shoko.or.jp/main/point/05.html

(71) 我部『戦後日米関係と安全保障』145 頁。

(72) From COMUS Japan to CINCPAC, December 27, 1957, Folder 4-B, Box 9, Subject Files Relating to Japan, 1954-1959, RG59, NA.

(73) Ibid.

(74) Ibid.

(75) Ibid.

(76) Memorandum by the Chief of Naval Operations for the Joint Chiefs of Staff, 3 April 1958, Sec.27, Box 8, Geographic File 1958, RG218, NA.1957 年中の米軍再編で東京の極東軍司令部を統合したハワイの太平洋軍司令部では、これまで極東軍司令官に陸軍出身者が就任していたのに対し、太平洋軍総司令官に海軍出身者が就任する慣例をとった。したがって、太平洋軍司令部は、海軍作戦本部経由でJCS に提言を上申した。

(77) 河野『沖縄返還をめぐる政治と外交』150-154 頁。

(78) 同上、154 頁。

(79) 平良好利『戦後沖縄と米軍基地——「受容」と「拒絶」のはざまで 1945-1972 年』法政大学出版局、2012 年、123-173 頁。

(44) 西村真彦「一九五七年岸訪米と安保改定（三）」『法学論叢』第179巻第4号（2016年7月）136頁。

(45) 菊池努「『敵対』から『和解』へ――オーストラリアの対日政策・1952-1957」『国際研究』第8号（1992年1月）11-12頁。

(46) 波多野澄雄『歴史としての日米安保条約――機密外交記録が明かす「密約」の虚実』岩波書店、2010年、41-42頁。

(47) "Shigemitsu's Visit to Washington and the Japanese Political Situation" by Australian Embassy of Tokyo, 16th September, 1955, Japan - Foreign Policy - Relations with USA - US Policy towards Japan, Part 7, NAA.

(48) "Mr. Shigemitsu's Visit" by Australian Embassy of Washington D.C., 8th September, 1955, Japan - Foreign Policy - Relations with USA - US Policy towards Japan, Part 7, NAA.

(49) From Australian High Commission of London to Department of External Affairs, 5th July, 1957, Japan - Foreign Policy - Relations with USA - US Policy towards Japan, Part 8, NAA.

(50) "Japan: Data Papers of Commonwealth Prime Ministers' Conference 1956," Undated, Japan - Foreign Policy - Relations with USA - US Policy towards Japan, Part 7, NAA.

(51) "Visit by Japanese Prime Minister to Australia," 2nd December 1957, in "Kishi Nobusuke – PM of Japan – Visit to Australia," A10302, 1957/1171, NAA. http://recordsearch.naa.gov.au/SearchNRetrieve/Interface/ViewImage.aspx?B = 024467

(52) 菊池「『敵対』から『和解』へ」66-67頁。

(53) "Visit by Japanese Prime Minister to Australia", 2nd December 1957, in "Kishi Nobusuke – PM of Japan – Visit to Australia," A10302, 1957/1171, NAA；また、以下の論文も参照。樋口敏広「核実験問題と日米関係――『教育』過程の生成と崩壊を中心に」『国際政治』第134号（2003年11月）、103-120頁。

(54) "Visit by Japanese Prime Minister to Australia", 2nd December 1957, in "Kishi Nobusuke – PM of Japan – Visit to Australia," A10302, 1957/1171, NAA.

(55) Revision of U.S. Security Treaty by Department of External Affairs, 12th November, 1959, Japan US Policy, Part 1, NAA.

(56) United States – Japanese Intergovernmental Security Committee, 12th September, 1957, Japan US Policy, Part 1, NAA.

(57) 菊池「『敵対』から『和解』へ」65-67頁。

(58) 同上、67-68頁、70頁。

(59) From Australian Embassy of Washington to Department of External Affairs, 27th June, 1957, Japan - Foreign Policy - Relations with USA - US Policy towards Japan, Part 8, NAA.

(27) From Harry F. Pfeiffer, Jr. to Parsons, January 8, 1957, Folder 4-B.2, Box 9, Subject Files Relating to Japan, 1954-1959, RG59, NA.

(28) From American Embassy, Tokyo to the Department of State, "A Fresh Start with Japan", September 21, 1956；石井・小野『アメリカ合衆国対日政策文書集成　第 VII 期』第 2 巻、255-288 頁；From American Embassy, Tokyo to the Department of State, "Japanese Defense", September 24, 1956；同上第 4 巻、267-276 頁。

(29) From American Embassy, Tokyo to the Department of State, "Japanese Defense", September 24, 1956；石井・小野『アメリカ合衆国対日政策文書集成　第 VII 期』第 4 巻、267-276 頁。

(30) From American Embassy, Tokyo to the Department of States, "Japanese Defense", September 24, 1956.

(31) From Parsons to Sebald, "Reconsideration of United States Military Position in Japan", December 27, 1956；石井・小野『アメリカ合衆国対日政策文書集成　第 VII 期』第 4 巻、380-396 頁。

(32) Memorandum from Robertson to Dulles, "Our Japanese Policy: Need for a Reappraisal and Certain Immediate Actions", January 7, 1957, *FRUS 1955-1957, Vol. XXIII*, 240-244.

(33) 我部『戦後日米関係と安全保障』107 頁。

(34) From Robertson to MacArthur, January 29, 1957, 4-B.4, Box 9, Subject Files Relating to Japan, 1953-1959, RG59, NA.

(35) Progress Report on "U.S. Policy toward Japan" (NSC 5516/1) by OCB, February 6, 1957；石井・小野『アメリカ合衆国対日政策文書集成　第 VII 期』第 9 巻、159 頁。

(36) 我部『戦後日米関係と安全保障』119 頁。

(37) Memorandum of a Conversation between Kishi and Dulles, June 20, 1957, *FRUS 1955-1957, Vol. XXIII*, 387-390.

(38) 西村真彦「一九五七年岸訪米と安保改定（二）」『法学論叢』第 179 巻第 2 号（2016 年 5 月）136-140 頁。

(39) 坂元『日米同盟の絆』189-190 頁。

(40) 吉田真吾『日米同盟の制度化――発展と深化の歴史過程』名古屋大学出版会、2012 年、52-53 頁。

(41) Subject to be Discussed at White House with Prime Minister Kishi, June 19, 1957, Box 6, White House Office, Office of the Staff Secretary, 1952-1961, Subject Series, Department of Defense Subseries, DDEL.

(42) 吉田『日米同盟の制度化』53-56 頁。

(43) Progress Report on Japan (NSC5516/1) by OCB, September 25, 1957；石井・小野『アメリカ合衆国対日政策文書集成　第 VII 期』第 9 巻、171 頁。

衆国対日政策文書集成　第 IV 期』第 5 巻、37-44 頁。

(11) From the Embassy in Japan to the Department of State, February 13, 1957, *FRUS 1955-1957, Vol. XXIII*, 263；坂元一哉『日米同盟の絆――安保条約と相互性の模索』有斐閣、2000 年、175-176 頁。

(12) 佐々木卓也「第一章　アメリカの世界戦略と日本」外務省発表『いわゆる「密約」問題に関する有識者委員会報告書』2010 年 3 月 9 日、13-18 頁。
http://www.mofa.go.jp/mofaj/gaiko/mitsuyaku/pdfs/hokoku_yushiki.pdf#search = '%E5%AF%86%E7%B4%84+%E5%A7%94%E5%93%A1%E4%BC%9A+%E5%A0%B1%E5%91%8A%E6%9B%B8'.

(13) Statement by Deputy Under-Secretary Robert Murphy, 30 September 1955, A14 1955, Box 7651, Commander Naval Force, Japan, General File, 1954-1956, RG313, National Archives II, College Park, Maryland [hereafter NA].

(14) 林博史『米軍基地の歴史――世界ネットワークの形成と展開』吉川弘文館、2012 年、160-162 頁。

(15) From Tokyo to Secretary of State, March 12, 1957；石井・小野『アメリカ合衆国対日政策文書集成　第 IV 期』第 5 巻、96-97 頁。

(16) 中野聡『歴史経験としてのアメリカ帝国――米比関係史の群像』岩波書店、2007 年、281-288 頁；伊藤裕子「第 11 章　フィリピン――戦後対米認識の変化と国際構造の変動」菅英輝編『東アジアの歴史摩擦と和解可能性――冷戦後の国際秩序と歴史認識をめぐる諸問題』凱風社、2011 年、331 頁。

(17) "Procedures for Coordinating U.S. Military Facilities and Operating Rights in Foreign Countries", May 6, 1956, Folder 4.3, Box 9, Subject Files, 1953-1962, RG59, NA.

(18) From Dulles to Wilson, June 28, 1956, *FRUS, 1955-57, Vol. XIX*, 333-337.

(19) From Gray to Murphy, February 6, 1957, Folder 4.3, Box 9, Subject Files, 1953-1962, Bureau of European Affairs, RG59, NA.

(20) Memorandum for Hoover and MacArthur, August 13, 1956, 沖縄県公文書館 (0000098537).

(21) Memorandum for Wilson by Nash, March 21, 1957 and Memorandum for Dulles by Nash, March 22, 1957, 沖縄県公文書館 (0000073441).

(22) Letter, Eisenhower to Nash, October 15, 1956, 沖縄県公文書館 (0000073441).

(23) From Harry F. Pfeiffer, Jr. to Parsons, January 8, 1957, Folder 4-B.2, Box 9, Subject Files Relating to Japan, 1954-1959, RG59, NA.

(24) 我部政明『戦後日米関係と安全保障』吉川弘文館、2007 年、93 頁。

(25) 植村秀樹「安保改定と日本の防衛政策」『国際政治』第 115 号 (1996 年 5 月) 31 頁。

(26) 原彬久『戦後日本と国際政治――安保改定の政治力学』中央公論社、1988 年、126-127 頁。

2007年、283頁；伊藤裕子「フィリピン――戦後対米認識の変化と国際構造の変動」菅英輝編『東アジアの歴史摩擦と和解可能性――冷戦後の国際秩序と歴史認識をめぐる諸問題』凱風社、2011年、326頁。

(111) 我部『戦後日米関係と安全保障』93頁。

(112) Arthur O'Neil, "Fifth Air Force in the Taiwan Straits Crisis of 1958".

(113) 我部『戦後日米関係と安全保障』93頁。

(114) Memorandum for the Commander in Chief, Pacific by JCS, 26 September 1958, Box 9, Geographic File 1958, RG218, NA.

(115)「日米安保体制をめぐる論争点」『安全保障、米軍基地に関する検討ペーパー』昭和43年7月18日、H22-001 0120-2001-02631、外務省外交史料館において閲覧。

第2章

(1) From the Secretary of Defense to the President, June 24, 1953, Box 1, Ann Whitman File, Dwight D. Eisenhower Library, Abilene, Kansas [hereafter DDEL].

(2) 244th Meeting of NSC, April 7, 1955, *Foreign Relations of the United States: Diplomatic Papers* [hereafter *FRUS*], *1955-1957, Vol. XXIII* (Washington, D.C.: U.S. Government Printing Office, 1991), 42.

(3) Memorandum from Hemmendinger to Robertson, April 19, 1956, *FRUS 1955-1957, Vol. XXIII*, 171-173.

(4) Progress Report on "U.S. Policy toward Japan" (NSC 5516/1) by OCB, June 27, 1956, 石井修・小野直樹監修『アメリカ合衆国対日政策文書集成　第VII期　日米外交防衛問題1956年』第9巻、柏書房、1999年、148頁。

(5) 池田慎太郎『独立完成への苦闘　1952～1960』吉川弘文館、2012年、37-39頁；松田圭介「1950年代の反基地闘争とナショナリズム」『年報日本現代史』第12号（2007年）、97-105頁。

(6) 池田『独立完成への苦闘』76-77頁。

(7) Australian Embassy, Tokyo, "The Sunakawa Affair", 18 October 1956, Japan - Foreign Policy - Relations with USA - US policy towards Japan, Part 7, National Archives of Australia, Canberra [hereafter NAA].

(8) 黒崎輝「アメリカの核戦略と日本の国内政治の交錯　1954～60年」同時代史学会編『朝鮮半島と日本の同時代史――東アジア地域共生を展望して』日本経済評論社、2005年、200-202頁。

(9) From Department of State to Amembassy Tokyo, January 18, 1957, From Tokyo to Secretary of State, January 26, 1957 and From Department of State to Amembassy Tokyo, January 28, 1957；石井・小野『アメリカ合衆国対日政策文書集成　第IV期　日米外交防衛問題1957年』第5巻、19頁、29-31頁。

(10) From Tokyo to Secretary of State, February 8, 1957, 石井・小野『アメリカ合

DDEL.

(94) From Polly to Goodpaster, July 26, 1957, Box 1, White House Office, Office of the Staff Secretary, 1952-1961, Subject Series, Department of Defense Subseries, DDEL.

(95) 平良『戦後沖縄と米軍基地』178-180頁。

(96) Reference Section Historical Branch, *The 3d Marine Division and Its Regiments*, 13. Memorandum by the Chief of Naval Operation for the Joint Chiefs of Staff, 8 August 1957, Sec.25, Box 12, Geographic File 1957, RG218, NA.

(97) Memorandum by the Chief of Naval Operation for the Joint Chiefs of Staff, 20 August 1957, Sec. 25, Box 12, Geographic File 1957, RG218, NA.

(98) Note by the Secretaries to the Holders of J.C.S. 2180/105, 22 August 1957, Sec. 25, Box 12, Geographic File 1957, RG218, NA.

(99) Memorandum by the Chief of Staff, U.S. Air Force, 3 October 1957, Sec. 25, Box 12, Geographic File 1957, RG218, NA.

(100) Memorandum by the Chief of Naval Operation, 20 August 1957 and 26 September 1957, and Memorandum by the Chief of Staff, U.S. Air Force, 3 October 1957, Sec. 25, Box 12, Geographic File 1957, RG218, NA.

(101) 林『米軍基地の歴史』118、124頁。

(102) From Headquarters Far East Command and United Nations Command Office of the Commander in Chief to Chairman, Joint Chiefs of Staff, 4 June 1957, Sec.25, Box 12, Geographic File 1957, RG218, NA.

(103) 太田『日米「核密約」の全貌』75-76頁。

(104) From Headquarters Far East Command and United Nations Command Office of the Commander in Chief to Chairman, Joint Chiefs of Staff, 4 June 1957, Sec.25, Box 12, Geographic File 1957, RG218, NA.

(105) Review of United States Overseas Military Bases by the Department of Defense, April 1960, 沖縄県公文書館（0000073490）；林『米軍基地の歴史』126-127頁。

(106) 李『東アジア冷戦と韓米日関係』11-19頁。

(107) Review of United States Overseas Military Bases by the Department of Defense, April 1960, 沖縄県公文書館（0000073490）.

(108) 林『米軍基地の歴史』126-127頁。

(109) Arthur O'Neil, "Fifth Air Force in the Taiwan Straits Crisis of 1958", December 31, 1958, 19-26, in National Security Archive Electronic Briefing Book, "Air Force Histories Show Cautious Presidents Overruling Air Force Plans for Early Use of Nuclear Weapons", at http://www.gwu.edu/~nsarchiv/nukevault/ebb249/doc12.pdf (Accessed on March 6, 2013).

(110) 中野聡『歴史経験としてのアメリカ帝国——米比関係史の群像』岩波書店、

「密約」の虚実』岩波書店、2010年、29-45頁。

(77) Memorandum of Discussion at the 290th Meeting of the National Security Council, Thursday, July 12, 1956, 沖縄県公文書館（0000073472）.

(78) From AmEmbassy, Tokyo to the Department of State, November 27, 1956；石井・小野『アメリカ合衆国対日政策文書集成　第IV期　日米外交防衛問題1957年』第5巻、110頁；石井榮三警察庁長官答弁、衆議院内閣委員会、昭和32年2月20日、国会議事録検索システム。

(79) 我部『戦後日米関係と安全保障』120-127頁。

(80) Memorandum of Conversation between Yasukawa and Sneider, May 8, 1957；石井・小野『アメリカ合衆国対日政策文書集成　第IV期』第5巻、148頁。

(81) 林『米軍基地の歴史』163-164頁。

(82) Memorandum of Conversation with the President, May 24, 1957, Box 6, Papers of John Foster Dulles, White House Memoranda Series, DDEL.

(83) 中島『戦後日本の防衛政策』130-131頁。

(84) 我部『戦後日米関係と安全保障』93頁。

(85) Deployment from Japan of all U.S. Armed Force and Facilities, 21 May 1956, Sec. 28, Box 18, Geographic File 1954-56, RG218, NA.

(86) Memorandum of Conversation with the President and Secretary Wilson on the Columbine, June 6, 1957, Box 6, Papers of John Foster Dulles, White House Memoranda Series, DDEL.

(87) Subject to be discussed at White House with Prime Minister Kishi, June 19, 1957, Box 6, Papers of John Foster Dulles, White House Memoranda Series, DDEL.

(88) From Chief of Naval Operations to Naval Aide to the President, 5 March, 1957；Memorandum for General Goodpaster, April 15, 1957, Box 1, White House Office, Office of the Staff Secretary, 1952-1961, Subject Series, Department of Defense Subseries, DDEL.

(89) Memorandum from Wilson to the President, July 10, 1957, and Memorandum on the 345th NSC Meeting, November 14, 1957, *FRUS, 1955-1957, Vol. XIX*, 540-546 and 677-679.

(90) Summary of Important Points on National Security Council Meeting, July 25, 1957, Box 6, White House Office, Office of the Staff Secretary, 1952-1961, Subject Series, Department of Defense Subseries, DDEL.

(91) Ibid.

(92) Memorandum for the Director, Joint Staff, 27 November 1957, Sec. 25, Box 12, Geographic File 1957, RG218, NA.

(93) Memorandum for Record, July 22, 1957, Box 1, White House Office, Office of the Staff Secretary, 1952-1961, Subject Series, Department of Defense Subseries,

56, RG218, NA.

(59) Watson, *The Joint Chiefs of Staff and National Policy 1953-1954*, 78-79.

(60) Report by the Joint Strategic Plans Committee to the Joint Chiefs of Staff, 4 April 1955, Sec.26, Box 18, Geographic File 1954-56, RG218, NA.

(61) From Department of the Army to CINCFE, 12 April 1955, Sec.25, Box 17, Geographic File 1954-56, RG218, NA ; Joint Chiefs of Staff Decision on J.C.S. 2147/136, 29 April 1955, Sec.26, Box 18, Geographic File 1954-56, RG218, NA ; From JCS to CINCFE, 29 April 1955, Sec.27, Box 18, Geographic File 1954-56, RG218, NA.

(62) 沖縄県祖国復帰協議会・原水爆禁止沖縄県協議会編『沖縄県祖国復帰運動史』沖縄時事出版社、1964年、135-136頁。

(63) 昭和30年2月20日付、外務大臣（重光葵）発中華民国臨時代理大使（宮崎章）宛公電、平成22年度外交記録公開文書（外交史料館にて閲覧）。

(64) Memorandum of Record of Conversation held in Office of the Secretary of Defense, March 26, 1955, Box 6, Chairman's File 1953-57, RG218, NA.

(65) 福田『中国外交と台湾』62-63頁。

(66) Reference Section Historical Branch, *The 3d Marine Division and Its Regiments*, 36-37.

(67) 林『米軍基地の歴史』118頁。

(68) Reference Section Historical Branch, *The 3d Marine Division and Its Regiments*, 32.

(69) 林『米軍基地の歴史』93-97頁；李『東アジア冷戦と韓米日関係』69-70頁。

(70) 中島信吾『戦後日本の防衛政策――「吉田路線」をめぐる政治・外交・軍事』慶應義塾大学出版会、2006年、129-130頁。

(71) 李『東アジアと米韓日関係』68頁。

(72) Progress Report on U.S. Policy toward Japan (NSC 5516/1), October 19, 1955 ; 石井修・小野直樹監修『アメリカ合衆国対日政策文書集成　第VII期　日米外交防衛問題1956年』第9巻、柏書房、1999年、112頁。

(73) From American Embassy, Tokyo to the Department of State, "A Fresh Start with Japan," September 21, 1956, 石井・小野『アメリカ合衆国対日政策文書集成第VII期』第2巻、255-288頁。

(74) 林『米軍基地の歴史』119-125頁。

(75) Memorandum for General Goodpaster, April 15, 1957, Box 1, White House Office, Office of the Staff Secretary, 1952-1961, Subject Series, Department of Defense Subseries, Dwight D. Eisenhower Library, Abilene, Kansas [hereafter DDEL].

(76) 坂元一哉『日米同盟の絆――安保条約と相互性の模索』有斐閣、2000年、140-164頁；波多野澄雄『歴史としての日米安保条約――機密外交記録が明かす

Sec.21, Box 17, Geographic File 1954-56, RG218, NA.
(39) 太田昌克『日米「核密約」の全貌』筑摩選書、2011年、68頁。
(40) "Okinawa Braced for Red Attack", *The Star and Stripes*, February 4, 1955.
(41) Campbell Craig and Fredrik Logevall, *America's Cold War: The Politics of Insecurity* (Cambridge: Belknap and Harvard University Press, 2009), 151-153.
(42) 李『東アジア冷戦と米韓日関係』85-89頁；平良『戦後沖縄と米軍基地』96-98頁。
(43) 李『東アジア冷戦と米韓日関係』90-91頁。
(44) 同上。
(45) Commandant of the Marine Corps to Secretary of Defense, October 18, 1954, attached with Note by the Secretaries to the Joint Chiefs of Staff, 26 October 1954, Sec.23, Box 17, Geographic File 1954-56, RG218, NA.
(46) Memorandum by the Commandant of the Marine Corps for the Joint Chiefs of Staff, 21 October 1954, Sec.23, Box 17, Geographic File 1954-56, RG218, NA.
(47) Watson, *The Joint Chiefs of Staff and National Policy 1953-1954*, 240.
(48) Report by the Joint Strategic Plans Committee to the Joint Chiefs of Staff, 5 November 1954, Sec.23, Box 17, Geographic File 1954-56, RG218, NA.
(49) Watson, *The Joint Chiefs of Staff and National Policy 1953-1954*, 240-241；李『東アジアと米韓日関係』64頁；Joint Strategic Plans Committee, 17 December 1954, Sec.23, Box 17, Geographic File 1954-56, RG218, NA.
(50) Report by the Joint Strategic Plans Committee to the Joint Chiefs of Staff, 23 December 1954, Sec.24, Box 17, Geographic File 1954-56, RG218, NA.
(51) Australian Embassy, Tokyo, "The Sunakawa Affair", 18 October 1956, Japan Relations with U.S.A., U.S. Policy towards Japan (Including Withdrawals and Strategic Implications) Part 7, the National Archives of Australia, Canberra.
(52) Report by the Joint Strategic Plans Committee to the Joint Chiefs of Staff, 23 December 1954, Sec.24, Box 17, Geographic File 1954-56, RG218, NA.
(53) Watson, *The Joint Chiefs of Staff and National Policy 1953-1954*, 241-242；Joint Strategic Plans Committee, 17 December 1954, Sec.23, Box 17, Geographic File 1954-56, RG218, NA.
(54) 李『東アジアと米韓日関係』66-70頁。
(55) Simmons, *The United States Marines*, 212.
(56) Memorandum on the 240th NSC Meeting, March 10, 1955, *FRUS, 1955-1957, Vol. II*, 345-350.
(57) Memorandum of Record of Conversation Held in Office of the Secretary of Defense, March 26, 1955, Box 6, Chairman's File 1953-57, RG218, NA.
(58) Note by the Secretaries to the Joint Chiefs of Staff, 15 February 1955, and From Hull to Ridgway, 24 February 1955, Sec.25, Box 17, Geographic File 1954-

(25) From Hull to JCS, 1 July, 1954, Box 3, Records of the Bureau of the Far Eastern Affairs Relating to Southeast Asia and the Geneva Conference, 1954, RG59, NA.
(26) Reference Section Historical Branch, *The 3d Marine Division and Its Regiments* (Washington, D.C.: History and Museums Division Headquarters, U.S. Marine Corps, 1983), 27–28.
(27) Watson, *The Joint Chiefs of Staff and National Policy 1953–1954,* 233 and 239–240.
(28) Simmons, *The United States Marines,* 212.
(29) Watson, *The Joint Chiefs of Staff and National Policy 1953–1954,* 80–85.
(30) Watson, *The Joint Chiefs of Staff and National Policy 1955–1956,* 225.
(31) Memorandum of Conversation between Eisenhower, Dulles, Anderson, Radford and Cutler, May 22, 1954, and Memorandum of Discussion at the 199th Meeting of NSC, May 27, 1954, U.S. Department of State, *Foreign Relations of the United States: Diplomatic Papers* [hereafter *FRUS*], *1952–1954, Vol. XIV* (Washington, D.C.: U.S. Government Printing Office, 1985), 428–430 and 433–434: Note by the Secretaries to the Holders of JCS 2118/64, 14 July 1954, Sec.21, Box 17, Geographic File 1954–56, RG218, NA.
(32) "Deployment to Okinawa, note by the Secretaries", 17 December 1954, Sec.23, Box 17, Geographic File 1954–56, RG218, NA. なお、同史料および関連史料群は「米中間の軍事衝突の際に極東で米国がとりうる行動」と題するフォルダに収められている。
(33) Ibid.
(34) Joint Chiefs of Staff Decision on J.C.S. 2147/112, 26 August 1954, Sec. 22, Box 17, Geographic File 1954–56, RG218, NA.
(35) Report by the Joint Strategic Plans Committee to the Joint Chief of Staff, 23 August 1954, and Memorandum for the Secretary of Defense, 26 August 1954, Sec.22, Box 17, Geographic File 1954–56, RG218, NA.
(36) Memorandum on the 213th NSC Meeting, September 9, 1954 ; Memorandum on the 214th NSC Meeting, September 12, 1954, *FRUS, 1952–1954, Vol. XIV*, 583-595, 613–624.
(37) Memorandum on the 220th NSC Meeting, October 14, 1954, *FRUS, 1952–1954, Vol. XIV*, 803-809 ; 福田円『中国外交と台湾――「一つの中国」原則の起源』慶應義塾大学出版会、2013 年、50 頁。
(38) Memorandum of Conversation between Eisenhower, Dulles, Anderson, Radford and Cutler, May 22, 1954, and Memorandum of Discussion at the 199th Meeting of NSC, May 27, 1954, *FRUS, 1952–1954, Vol. XIV*, 428–430 and 433–434 ; Note by the Secretaries to the Holders of JCS 2118/64, 14 July 1954,

27-34 頁；平良好利『戦後沖縄と米軍基地――「受容」と「拒絶」のはざまで 1945 ～ 1972 年』法政大学出版局、2012 年、94-102 頁。

(10) 同上、52 頁。

(11) 1951 年に締結された日米安保条約の成立過程に関する研究は枚挙にいとまがないが、代表的研究は以下の通りである。豊下楢彦『安保条約の成立――吉田外交と天皇外交』岩波新書、1996 年；坂元一哉『日米同盟の絆――安保条約と相互性の模索』有斐閣、2000 年；楠綾子『吉田茂と安全保障政策の形成――日米の構想とその相互作用 1943-1952 年』ミネルヴァ書房、2009 年。

(12) 平良『戦後沖縄と米軍基地』51-52 頁；宮里『日米関係と沖縄』49 頁。

(13) ここまでの戦後沖縄の歴史についての記述は、以下の文献が詳しい。平良『戦後沖縄と米軍基地』；我部政明『戦後日米関係と安全保障』吉川弘文館、2006 年；ロバート・D・エルドリッヂ『沖縄問題の起源』名古屋大学出版会、2004 年；宮里『日米関係と沖縄』；河野康子『沖縄返還をめぐる政治と外交――日米関係史の文脈』東京大学出版会、1994 年。

(14) Edwin Howard Simmons, *The United States Marines: A History*, 4th ed. (Annapolis: Naval Institute Press, 2003), 183-210.

(15) 156th Meeting of NSC, 23 Jul 1953, 沖縄県公文書館（0000073462）；Robert J. Watson, *The Joint Chiefs of Staff and National Policy 1953-1954* (Washington D.C.: Office of Joint History, Joint Chiefs of Staff, 1998), 230.

(16) John Lewis Gaddis, *Strategies of Containment: A Critical Appraisal of American National Security Policy during the Cold War*, revised and expanded edition (New York: Oxford University Press, 2005 [1982]), 145-159；李『東アジア冷戦と米韓日関係』12 頁、倉科一希『アイゼンハワー政権と西ドイツ――同盟政策としての同盟軍備管理交渉』ミネルヴァ書房、2008 年、3 頁。

(17) 同上、58 頁。

(18) Watson, *The Joint Chiefs of Staff and National Policy 1953-1954,* 231-232.

(19) Ibid., 232.

(20) Memorandum by the Chief of Naval Operations for the Joint Chief of Staff, 25 March 1954, Sec.20, Box 16, Geographic File 1954-56, RG218, National Archives II, College Park, Maryland [hereafter NA]；Memorandum by the Commandant of the Marine Corps for the Joint Chiefs of Staff, 25 March 1954, Sec.20, Box 16, Geographic File 1954-56, RG218, NA.

(21) From CINCUNC Tokyo Japan SGD Hull to Department of the Army Washington DC, 15 March 1954, Sec.19, Box 16, Geographic File 1954-56, RG218, NA.

(22) Watson, *The Joint Chiefs of Staff and National Policy 1953-1954,* 232.

(23) 林『米軍基地の歴史』93 頁。

(24) Ibid., 233.

(New York: St. Martin's Press, 1996); John Lewis Gaddis, *Strategies of Containment: A Critical Appraisal of American National Security Policy during the Cold War,* revised and expanded edition (New York: Oxford University Press, 2005 [1982]), 145-159.

(18) Ibid.

(19) NSC 162/2, October 30, 1953, U.S. Department of State, *Foreign Relations of the United States: Diplomatic Papers* [hereafter *FRUS*], *1952-1954*, Vol. II, Part I (Washington, D.C.: U.S. Government Printing Office, 1985), 583 & 591.

(20) 李『東アジア冷戦と韓米日関係』20-29 頁。

(21) 同上、58 頁。

(22) 同上。

(23) ケント・E・カルダー（武田揚一訳）『米軍再編の政治学——駐留米軍と海外基地のゆくえ』日本経済新聞出版社、2008 年（Kent E. Calder, *Embattled Garrisons: Comparative Base Politics and American Globalism* [Princeton: Princeton University Press, 2007]）。

(24) 川名晋史「沖縄における基地集合の偏移と時間性」2016 年度日本政治学会研究大会報告論文。

(25) 河野康子『沖縄返還をめぐる政治と外交——日米関係史の文脈』東京大学出版会、1994 年、91 頁。

(26) 吉次公介「『ナッシュ・レポート』にみる在日・在沖米軍」『沖縄法學』第 32 号（2003 年 3 月）、159-174 頁；林『米軍基地の歴史』78-79 頁、105-106 頁。

第 1 章

(1) 李鍾元『東アジア冷戦と米韓日関係』東京大学出版会、1996 年、19 頁。

(2) Robert J. Watson, *The Joint Chiefs of Staff and National Policy 1953-1954 & 1955-1956* (Washington D.C.: Office of Joint History, Joint Chiefs of Staff, 1998), 59 & 55.

(3) 李『東アジアと米韓日関係』、66 頁。

(4) 林博史『米軍基地の歴史——世界ネットワークの形成と展開』吉川弘文館、2012 年、117 頁。

(5) 新崎盛暉『沖縄現代史（新版）』岩波新書、2005 年、19-20 頁。

(6) 宮里政玄『日米関係と沖縄　1945-1972』岩波書店、2000 年、117 頁。

(7) Nicholas Evan Sarantakes, Keystone: The American Occupation of Okinawa and U.S.-Japanese Relations (Texas: Texas A&M University Press College Station, 2000), 68-69.

(8) 屋良朝博『砂上の同盟——米軍再編が明かすウソ』沖縄タイムス社、2009 年、82-98 頁。

(9) NHK 取材班『基地はなぜ沖縄に集中しているのか』NHK 出版、2011 年、

註

序論

（1）林博史『米軍基地の歴史――世界ネットワークの形成と展開』吉川弘文館、2012年、50頁。
（2）原彬久『戦後日本と国際政治――安保改定の政治力学』中央公論社、1988年；坂元一哉『日米同盟の絆――安保条約と相互性の模索』有斐閣、2000年。
（3）たとえば、我部政明『沖縄返還とは何だったのか――日米戦後交渉史の中で』日本放送協会出版、2000年、第1章；外岡秀俊・本田優・三浦俊章『日米同盟半世紀――安保と密約』朝日新聞社、2001年、543-565頁。
（4）波多野澄雄『歴史としての日米安保条約――機密外交記録が明かす「密約」の虚実』岩波書店、2010年；黒崎輝「安保改定交渉以前の核持ち込みをめぐる国会論議と日米外交の再検証――核密約の淵源を求めて」『PRIME』第33号（2011年3月）3-21頁；太田昌克『日米「核密約」の全貌』筑摩選書、2011年；信夫隆司『日米安保条約と事前協議制度』弘文堂、2014年。
（5）吉田真吾『日米同盟の制度化――発展と深化の歴史過程』名古屋大学出版会、2012年、第1章；植村秀樹「安保改定と日本の防衛政策」『国際政治』第115号（1997年5月）27-41頁。
（6）原『戦後日本と国際政治』；坂元『日米同盟の絆』；植村「安保改定と日本の防衛政策」；吉田『日米同盟の制度化』。
（7）中島信吾『戦後日本の防衛政策――「吉田路線」をめぐる政治・外交・軍事』慶應義塾大学出版会、2006年、131-133頁。
（8）豊下楢彦『安保条約の成立――吉田外交と天皇外交』岩波新書、1996年；明田川融『日米行政協定の政治史――日米地位協定研究序説』法政大学出版局、1999年；豊下楢彦編『安保条約の論理――その生成と展開』柏書房、1999年。
（9）坂元『日米同盟の絆』296-297頁。
（10）吉田『日米同盟の制度化』37-42頁。
（11）李鍾元『東アジア冷戦と韓米日関係』東京大学出版会、1996年。
（12）同上、4-7頁。
（13）参考文献として、植村秀樹『再軍備と五五年体制』木鐸社、1995年、22-23頁。
（14）李『東アジア冷戦と韓米日関係』13-14頁。
（15）木畑洋一『帝国のたそがれ――冷戦下のイギリスとアジア』東京大学出版会、1996年；古関彰一『日本国憲法の誕生』岩波現代文庫、2009年。
（16）木畑『帝国のたそがれ』117頁；菊池努「『敵対』から『和解』へ――オーストラリアの対日政策・1952-1957」『国際研究』第8号（1992年1月）1-80頁。
（17）Saki Dockrill, *Eisenhower's New-Look National Security Policy, 1953-61*

【な行】

【は行】

【ま行】

【や行】

【ら行】

【さ行】

【た行】

索　引

著者紹介
山本 章子（やまもと・あきこ）
1979年北海道生まれ。一橋大学大学院社会学研究科博士課程修了。博士（社会学）。第一法規編集者を経て、現在、沖縄国際大学非常勤講師および同大学沖縄法政研究所特別研究員。
主要著作に、屋良朝博・川名晋史・齊藤孝祐・野添文彬・山本章子『沖縄と海兵隊——駐留の歴史的展開』（旬報社、2016年）。

米国と日米安保条約改定
沖縄・基地・同盟

2017年5月2日　初版第1刷発行

著　者　山本章子
発行者　吉田真也
発行所　合同会社 吉田書店
102-0072　東京都千代田区飯田橋2-9-6 東西館ビル本館32
TEL：03-6272-9172　FAX：03-6272-9173
http://www.yoshidapublishing.com/

装丁　奥定泰之
DTP　閏月社
印刷・製本　モリモト印刷株式会社

定価はカバーに表示してあります。

ISBN978-4-905497-53-0